Costa del Sol
Málaga · Granada · Almería

Manuel García Blázquez

Inhalt

Das Beste zu Beginn

Zurück in die Zeit von 1001 Nacht

Kalif oder Sultanin – in welches Kostüm schlüpfen Sie, um in die trutzigen und doch luftig-filigranen Burgen von Málaga, Almería oder Granada einzuziehen? Daraus wird wohl nichts. Aber in den Dörfern der Alpujarras dürfen Sie in maurischem Ambiente wohnen, wie das einfache Volk.

›Graná‹, gut fürs Herz

Granada trifft ins Herz, eine Dimension für sich: Alhambra, Albayzín, Generalife … Man wird nicht müde, durch ›Graná‹ zu spazieren, so nennen Einheimische ihre Stadt. Doch müde macht sie einen schon, das ganze Hügelauf und Hügelab, aber das soll ja auch gut sein fürs Herz.

Diese Märkte!

Angst vor toten Fischen? Dann ist das nichts für Sie oder Sie schieben sich schnell an dem frischen Zeug aus dem Wasser vorbei. Aber so verpassen Sie die Chance, das reichhaltige (nun gut, ehemalige) Leben im Meer kennenzulernen. Zum Trost: Subtropische Früchte sind auch schön anzusehen.

Auf den Spuren von Peter O'Toole

Die Araber sind zurück! Mit Turban und Fez verkleidete Statisten bevölkern die Alcazaba von Almería. Im Jahr 1962 verwandelte sich die Provinz für ein paar Monate in jenen unabhängigen Staat, von dem der britische Offizier Lawrence von Arabien träumte. Schauen Sie sich Peter O'Toole noch einmal in seiner Paraderolle auf der Leinwand an und erkennen Sie beim Zugüberfall die Playa de las Amoladeras.

Poetische Inspiration

Rote und schwarze Erde, ungepflasterte Wege und mitten in der Wüste die Goldminen von Rodalquilar. Die perfekte Bühne für das Aufbäumen der Gefühle oder das Versinken in schönster Einsamkeit. Die Widersprüche zwischen Arm und Reich am Cabo de Gata inspirierten in den 1920er-Jahren den Dichter Federico García Lorca zu seiner Tragödie »Bluthochzeit«.

… zur Sonne, zur Freiheit

Fast vier Jahrzehnte war ganz Spanien der Franco-Diktatur unterworfen. Ganz Spanien? Nein! Ein von unbeugsamen Andalusiern bevölkerter Küstenstreifen spielte einfach verrückt: Jazzlegenden gaben Konzerte in Flamencoclubs, Hasch rauchende Hippies bevölkerten die Strände, Filmstars und Intellektuelle aus aller Welt trafen sich in den Hotels der Costa del Sol.

Was Andalusier bewegt und aufregt

Wasser. Es gibt einfach nicht genug davon. Die Bauern brauchen Wasser. Schließlich wächst hier das Gemüse für halb Europa, Tomaten und Gurken für den Winter. Ach ja, die Golfplätze brauchen auch Wasser. Und die Touristen duschen gern. Die Geranien in den Patios brauchen Wasser … Von der EU subventionierte Meerwasserentsalzungsanlagen könnten helfen, gäbe es nicht korrupte Politiker und Bosse, die sich die Kohle in die eigene Tasche stecken. Und damit wären wir beim nächsten Thema, das Andalusier echt aufregt …

Meine liebsten weißen Dörfer

Turnschuhe an und ab in die Berge! Einst lebten die Menschen hier lieber in Gebirgsdörfern als an der Küste. Schon wegen der Piraten. Die schönsten weißen Dörfer sind für mich Casares, Mijas und Frigiliana.

Ein Strand für mich allein

Okay, hinterher musste ich zum Schuster, Sandalen besohlen, bitte! Doch ich hatte sie ganz für mich, die Cala de Enmedio: vom Meer ausgewaschene Felsformationen, deren Schönheit sich nicht abnutzt.

Mit 15 setzte ich mich in den Zug, um das Meer kennenzulernen. Seitdem reise ich ohne Unterlass – und schreibe. Um meine Freunde teilhaben zu lassen an meinem Leben als Passant, in dem der Gang zum Bäcker zur Expedition werden kann.

Fragen? Erfahrungen? Ideen?

Ich freue mich auf Post.

Mein Postfach bei DuMont:
blazquez@dumontreise.de

Das ist die Costa del Sol

Die Sonnenbrille ist ein Pflicht-Accessoire an der Costa del Sol – das ganze Jahr über. Das beste Klima Europas, kurze Winter und durch die Berge und die Brise vom Mittelmeer nicht zu heiße Sommer. Sonne satt vom azurblauen Himmel – die Küste lebt von diesem Mythos. Von Gibraltar bis zum Cabo de Gata und tief hinein ins Hinterland, dort wo die mit weißen Dörfern betupften Gebirgsketten einander die Hand geben, Landschaft gibt es genug zu entdecken und offenherzige Menschen, die einzigartige Erfahrungen gern auch mit Fremden teilen, da auch sie einst als Neuankömmlinge hier gestrandet sind.

Zuckerrohrfelder zu Hotelarealen

Die Vision der 1950er-Jahre, kleinen Fischer- und Bauerndörfern – und einigen Holtelunternehmern – durch Tourismus zum Wohlstand zu verhelfen, erwies sich als recht kurzsichtig. Obstplantagen, Gemüsegärten und Zuckerrohrfelder verwandelten sich in die nur allzu bekannte Mauer aus Hotels, Apartmentblocks und Restaurants, die den Küstenstreifen über weite Strecken säumt. Keiner hatte sich genauer vorgestellt, wie sich dieser ehemals friedliche und einsame Landstrich verändern würde, wenn jeden Sommer rund zwei Millionen Gäste hindurchzögen. So entstand ein Paradies für alle, für die Luxus bei einer Strandliege mit Sonnenhut, Sonnenmilch und Fächer anfängt und bei kaltem Bier, Sangría und *tinto de verano* (Rotwein mit Limo) aufhört.

Natur pur

Doch das ist längst nicht alles: Einige der besterhaltenen Naturlandschaften ganz Spaniens liegen an der andalusischen Mittelmeerküste und in ihrem Hinterland. Einmal abgesehen vom Nationalpark Sierra Nevada, einer intakten Hochgebirgslandschaft im Grenzgebiet der Provinzen Granada und Almería, gibt es längs der Costa del Sol zahlreiche Gegenden, die für den Öko- und Aktivtourismus wie geschaffen sind. Wer sich Berglandschaften oder Steilküsten gern zu Fuß, auf dem Rücken eines Pferds oder vom Mountainbike aus erschließt, wird sich hier wohlfühlen. Allein die Provinz Málaga besitzt drei Naturparks und einen Nationalpark, die aufgrund ihrer landschaftlichen Schönheit, ihres gepflegten Zustands und ihrer Flora und Fauna sehenswert sind. Neben dem Nationalpark Sierra de las Nieves sind das die Montes de Málaga und die Naturparks von Grazalema und Los Alcornocales an der Grenze zur Provinz Cádiz. Zur Provinz Almería gehört einer der schönsten Küstenabschnitte ganz Andalusiens, der Naturpark Cabo de Gata, ein naturbelassener Landstrich vulkanischen Ursprungs mit wenigen kleinen Fischerdörfern und zauberhaften Strandbuchten.

Kultur und Folklore

Vor Jahrhunderten brachten die Mauren eine Kultur des Lichts und der Farben, der Gärten und des Wassers ins Land, deren Spuren in ganz Andalusien immer noch zu bewundern sind, nicht nur in Alcazabas und

An der Costa del Sol betreten Sie eine Welt des Lichts und der Farben.

monumentalen Gebäuden, sondern auch in den weißen Dörfern abseits der Küste, regelrechte Museen der Volksarchitektur und Volkskultur. Vielleicht hat es auch mit dem Klima und der ungezwungenen Lebensart zu tun, dass hier viele Traditionen hochgehalten werden und Folklore zum Alltag gehört, in der Stadt genauso wie im kleinsten Dorf. Es wäre ein Wunder, wenn Sie nicht einer Wallfahrt oder einer Meeresprozession begegneten. Während der Karwoche erfüllt eine leidenschaftliche Mischung aus Schmerz und Freude die Straßen von Málaga, Granada und Almería. Musik ist ein essenzieller Bestandteil des Feierns. Ein besonderes Erlebnis andalusischer Folklore bieten die *pandas de verdiales*, Mini-Orchester, zu denen Geige, Gitarre, Tamburin und Kastagnetten gehören und die zum Mitsingen und Mittanzen einladen. Aber den Höhepunkt bildet die andalusische Flamenco-Tradition, seit 2010 von der UNESCO als Weltkulturerbe anerkannt. Lassen Sie sich davon in einem *tablao* oder einer *peña* begeistern, vielleicht im Albayzín oder auf dem Sacromonte in Granada.

Korruption und Nachhaltigkeit

Tourismus schafft nicht nur Reichtum, sondern auch Korruption und Spekulation, die wiederum Armut generieren. Sichtbar wird dieser Teufelskreis in Bauruinen und Hotelskeletten, die an den Küsten ihre Arme pathetisch in den Himmel recken. Manche Projekte warben mit unermesslichen Gewinnen und ruinierten ganze Familien. Politiker und Verwalter landeten im Gefängnis wegen Betrugs, Unterschlagung und Veruntreuung öffentlicher Gelder. So manch einer malte sich sein Traumschloss bunt aus und musste zusehen, wie sich Erspartes in Luft auflöste. Glücklicherweise wurde dieser Bauwahn gebremst, und die touristische Entwicklung hat einen langsameren Rhythmus angeschlagen mit Blick auf Nachhaltigkeit und die Essenz des Reisens, die mehr mit Entdeckertum und Träumen zu tun hat.

Die Costa del Sol in Zahlen

8
€ am Tag kostet ein Paar Liege-
stühle samt Sonnenschirm am
Strand.

14
km trennen die andalusische
Mittelmeerküste von Afrika.

33
Naturschutzgebiete sind in den
Provinzen Málaga, Granada und
Almería ausgeschildert.

51
% der Andalusier unter 25 Jahren sind arbeitslos.

70
monumentale Passionsaltäre
ziehen zur Semana Santa durch
Málaga.

77
% der Andalusier bezeichnen
sich selber als Katholiken.

280
km² Wüste liegen im Hinterland
der Costa de Almería – die Wüste
von Tabernas.

320
Tage Sonnenschein wärmen die
Costa del Sol jedes Jahr.

3479

Meter hoch ist der südlich von Granada gelegene Mulhacén – der höchste Berg der Iberischen Halbinsel.

470

km lang ist die andalusische Mittelmeerküste – davon entfallen 160 km auf die Costa del Sol.

150 000

Dauergäste leben an der Costa del Sol.

600

Strandlokale bewirten Badegäste in den Provinzen Málaga, Granada und Almería.

578 000

Einwohner hat Málaga, die größte Stadt der Costa del Sol.

781

Jahre lang beherrschten die Araber Teile Andalusiens.

2 500 000

Besucher besichtigen alljährlich die Alhambra – das Maurenschloss in Granada.

40
Museen bietet Málaga, die Stadt der Museen.

So schmeckt die Costa del Sol

Für die Andalusier ist Essen etwas Essenzielles und häufig genug etwas sehr Kommunikatives, denn eine Mahlzeit im Kreis der Familie oder mit Freunden hat nachgerade rituellen Charakter und wird zu einem Highlight des Tages, der Woche oder des Monats. Gern trifft man sich dazu in einem Restaurant, einem Tapas-Lokal oder einem der *chiringuitos* am Strand. Diese Kioske oder Strandrestaurants sind von der Costa del Sol nicht wegzudenken.

Der sparsame Morgen
Morgens wird in Andalusien für gewöhnlich nicht viel gegessen. Meist besteht das erste Frühstück aus einem frisch gepressten Orangensaft oder einem starken Kaffee, gelegentlich greift man noch zu einem süßen Gebäckstück *(bollo)* oder einem Keks. Der spanische Kaffee ist übrigens hervorragend, ähnlich wie ein italienischer Espresso oder – mit Milch – wie ein Caffè Latte. Wenn am späten Morgen der Hunger kommt, gibt es ein zweites Frühstück, das oft in einer Bar eingenommen wird. Es ist die Zeit der ersten Tapas: ein Stück *tortilla española* (Kartoffelomelett) oder ein belegtes Brötchen *(bocadillo)*. Dann geht es auch in Andalusien meist schnell wieder ins Büro … globalisierte Welt.

Siesta und üppiges Mittagessen?
Die mehrstündige Mittagspause zwischen 13/14 und 16/17 Uhr mit gemütlichem Mittagessen und anschließendem Nickerchen – das war einmal! Zumindest in den Städten. In den Dörfern wird man immer noch diese Friedhofsruhe in den Gassen erleben. Besonders im Hochsommer, wenn sich jeder, der kann, in den häuslichen vier Wänden vor der Hitze schützt. Restaurants sind mittags meist zwischen 13

ANDALUSIEN MACHT SATT UND GLÜCKLICH

Comida casera: Das ist Hausmannskost – und ein echtes Qualitätssiegel. Es wird nämlich richtig gekocht, statt auf Industrieprodukte zurückzugreifen, und preiswert ist es meist dazu.
Deftiges aus den Bergen: Lamm, Zicklein oder Wild, meist mit Kräutern und Knoblauch mariniert, kommen in den Topf, ebenso der Stierschwanz. Schmackhafte Wurstwaren *(embutidos)* stammen aus der Gegend um Ronda, aus den Alpujarras ein hervorragender Schinken. Kräftige Schafs- und Ziegenkäse gibt's überall.
Weine aus Andalusien: In ganz Andalusien erhält man gute trockene Tischweine aus lokalen Anbaugebieten. Süßer sind die Málaga-Weine, die eher zum Dessert gereicht werden.
Calamares, Dorade und mehr: Das Mittelmeer verwöhnt seine Anwohner mit frischem Fisch und erstklassigen Meeresfrüchten.
Speisen aus dem Paradies: Was die Region um Málaga und Granada besonders auszeichnet, sind tropische Früchte, die einem hier in den Mund wachsen – Mango, Avocado, Papaya, Cherimoya, Litschi …

und 16 Uhr geöffnet. Und häufig bieten sie in dieser Zeit ein *menú del día,* ein dreigängiges Tagesmenü zu einem Vorzugspreis – zuweilen inklusive Getränk.

Der ausgedehnte Abend

Das Abendessen beginnt selten vor 21 Uhr. In Restaurants sind die Tische meist erst um 22 Uhr gefüllt. Wer nur wenig Hunger hat, kann stattdessen eine andalusische Bar besuchen, eine Mischung aus Kneipe und Café. Serviert werden dort köstliche Tapas in unterschiedlichen Varianten. Für zwei Personen kann eine größere Portion bzw. *ración* bestellt werden.

Tapas

Die spanischen ›Häppchen‹ sind weltberühmt geworden, mehr als das: zum Kult. Ihr Ursprung war eine königliche Anweisung an die Wirte, den Soldaten zu jedem Glas Alkohol auf einem Tellerchen – das auf das Glas zu stellen war (*tapear* = zudecken) – etwas Essbares zu reichen. Sie sollten nicht so schnell besoffen werden. In Granada (und mancherorts in Málaga und Almería) ist es bis heute Brauch, solche Tapas gratis einem bestellten Getränk beizugeben. In der Regel wählt der Gast aber aus langen Tapa-Speisekarten aus und bezahlt dafür.

Olivenöl aus Andalusien

Millionenfach überziehen die knorrigen Ölbäume die Hügel im Hinterland der Costa del Sol. Andalusien zählt weltweit zu den wichtigsten Produzenten von Olivenöl. Über Jahrhunderte war es ein Hauptnahrungsmittel, vor allem der

GAZPACHO ANDALUZ

Diese kalte andalusische Gemüsesuppe zählt zu meinen Lieblingsgerichten, an heißen Sommertagen ist sie besonders erfrischend.

Zutaten für 4 Personen
500 g Tomaten (sehr reif)
1/2 Schlangengurke
1 Zwiebel
1 Knoblauchzehe
1 grüne Paprika
Etwas Brot (vom Vortag)
Olivenöl, Weinessig, Salz

Zubereitung
Alle Zutaten klein schneiden und mit einem Pürierstab mixen. Zum Schluss mit Olivenöl, Essig und Salz abschmecken. Vor dem Servieren mehrere Stunden kalt stellen. Dazu reicht man Brot, Tomate, Gurke, Paprika, alles kleingewürfelt, sogenannte *tropezones.*

P
PREISE

So viel kostet in etwa ein Hauptgericht oder Menü:
€ bis 25 Euro
€€ 25 bis 35 Euro
€€€ über 35 Euro

Bauern und ärmeren Bevölkerungsgruppen. Heute gilt es als gesund und lebensverlängernd. Qualität und Geschmacksvarianten lassen sich kaum überbieten. Überzeugen Sie sich selbst, am besten schon zum Frühstück, indem Sie getoastetes Brot mit Olivenöl und pürierter Tomate bestellen.

Ihr Costa del Sol-Kompass

#2
Immer am Meer entlang – **Málagas Strand**

#3
Ein König auf dem Holzweg – **Caminito del Rey**

DER ALTE MANN UND DAS MEER

#1
Grandiose Aussichtspunkte – **Málagas Festungen**

ACHTUNG: GÄNSEGEIER

Arabian Lifestyle in Andalusien?

WOMIT FANGE ICH AN?

3

2

1

15

WELT, ICH KEHRE DIR DEN RÜCKEN!

14

13

12

#15
Jenseits der Zivilisation – **Cala de San Pedro**

Welche Düne ist die schönste?

#14
Filmreife Strände – **mit dem Rad zum Cabo de Gata**

LET'S GO WILD!

Klappe auf für Lawrence von Arabien

#13
Zitadelle über dem Meer – **die Alcazaba von Almería**

#12
Raues Gebirge, einsame Orte – **durch die Alpujarras**

#4

Gewaltiges
Felsenmeer – **El
Torcal de Antequera**

#5

Ein weißes Bilder-
buchdorf – **in den
Gassen von Casares**

Lust auf
Monster?

BUNT GEWÜRFELTER
HÄUSERHAUFEN

*Vorsicht,
bissiger
Affe !*

#6

Großbritannien am
Ende der Sonnen-
küste – **Gibraltar**

In den
Abgrund
sehen und gehen

#7

Zum Grund der
Schlucht – **der Tajo
von Ronda**

*Landlust
auf Andalusisch*

#8

Weiße Dörfer, wilde
Berge – **Rundfahrt
durch die Axarquía**

UNTERIRDISCH!

orientalisch

**Felsküste
aus der
VOGELPERSPEKTIVE**

#9

Spukschlösser im
Karst – **die Cueva
de Nerja**

#11

Märchenpalast aus
1001 Nacht –
die Alhambra

#10

Entlang der Steil-
küste – **von Maro
nach Cerro Gordo**

13

Málaga und Umgebung

Wenn man Neuerfindung lernen kann, ist Málaga der beste Lehrmeister dafür. Die Geburtsstadt Pablo Picassos schrieb sich Kultur auf die Fahnen und stampfte ein Museum nach dem anderen aus dem Boden ihrer frisch sanierten Altstadt. Der Hafen, bei modernen Kreuzfahrern auf der Hitliste, schlüpfte als stylishe Flaniermeile wie Phönix aus der Asche. Stadtstrände garantieren Freizeitqualität und Geschichte wird monumental greifbar, auch im nahen Antequera. Selbst mit Natur muss nicht hinterm Berg gehalten werden. Dort allerdings wird sie zum Erlebnis.

Málaga

📖 G 5, Cityplan S. 18

Schöner kann eine Stadt nicht liegen! Vor sich hat sie das Mittelmeer und in ihrem Rücken steigen die Berge auf, die Montes de Málaga. Im Schutz der Bucht siedelten hier am Mittelmeer schon früh Phönizier, Griechen und Römer. Heute bietet die Metropole mit rund 578 000 Einwohnern einen spannenden Mix aus charmanten und morbiden Ecken, schickem Kreuzfahrthafen, alten Fischervierteln und einem kosmopolitischen, auch durch die Universität geprägten Flair. Und über allem wacht eine tausendjährige arabische Burganlage.

WAS TUN IN MÁLAGA?

Altstadtflair – von unten und oben

Hauptschlagader im Zentrum ist die Calle Marqués de Larios, ihre Seitenstraßen sind voller Tavernen, in denen andalusisches – oder touristisches – Leben pulsiert. Mit viel EU-Geld wurde die historische Bausubstanz im gesamten Altstadtkern wieder herausgeputzt: darunter zahlreiche Bürgerhäuser im Stil der Wende zum 20. Jh. Tagsüber ist das Ensemble ein Shoppingparadies, nachts schieben sich die Menschen vor allem durch die Calle Granada. Ein Wahrzeichen Málagas ist die **Kathedrale** ❶, ein riesiger Renaissancebau, der im 16.–18. Jh. über einer Moschee errichtet wurde (www.malagacatedral.com, Mo–Sa 10–18, So 14–18 Uhr, mit Museum 6/4 €, Kombiticket mit Dach 10/7 €). Vom Dach bietet sich ein spektakulärer Rundblick auf Stadt, Meer und Berge (Führung jede Std. Mo–Fr 11–14, 16–17, Sa 11–14, 16–18, So 16–18 Uhr, 6/3 €). Wie ein Anhängsel steht nebenan die Iglesia del Sagrario, deren gotisch-isabellinisches Portal zunächst als Eingang zur Kathedrale gedacht war.

In Natur eintauchen

Málaga besitzt Bäume, so alt und so schön, dass man sie umarmen möchte! Vom – überwiegend trockenen – Flussbett des Río Guadalmedina bis zur Stierkampfarena erstreckt sich ein langer, grüner Boulevard zwischen Altstadt und Hafenzone. An der **Alameda Principal** ❷ mit ihren Blumenkiosken überschatten uralte, ausladende Ficus-Bäume die Straße. Ihre Verlängerung, den mehrspurigen **Paseo del Parque** ❸, rahmen subtropische Grünanlagen und historische Vorzeigebauten: Der mächtige Palacio de la Aduana entstand Ende des 18., Anfang des 19. Jh. als Sitz der Zollbehörde und beherbergt heute das **Museo de Málaga** ❹ (▶ S. 17). Das nahe **Rathaus** ❺ von 1919 fällt durch seine zuckerbäckerartig verspielte Fassade auf. Am Ende des Boulevards steht die **Plaza de Toros** ❻, eine Arena im Neomudejarstil von 1876.

NOCH WAS

An der Alameda Principal liegt eine der ältesten Tavernen der Stadt, die **Antigua Casa de Guardia** ❶: ein schmaler, langer Schlauch mit alter Holztheke, über die schon so manches Gläschen geschoben wurde, abgezapft aus den Weinfässern, die sich an der Wand türmen. Dazu ein paar Gambas oder Muscheln. Irgendwie gehört sich das hier so. Schon seit 1840 (Principal 18, www.antiguacasadeguardia.net, Mo–Do 10–22, Fr, Sa 10–22.45, So 11–15 Uhr).

Shopping am Hafen

Zu modernen Flaniermeilen mit Geschäften und Restaurants ausgebaut, locken die Molen 1 und 2 unterhalb des Leuchtturms Einheimische und Touristen gleichermaßen an. Am Palmeral de las Sorpresas informiert der **Museo Aula del Mar** ❼ über die biologische

Das MAUS-Projekt (Málaga Arte Urbano en el Soho) ist eine Stadtinitiative, die den Ruf der ehemals zwielichtigen Hafengegend Soho mit Hilfe von Kunst aufbessern will: Musik, Tanz, Theater, Fotografie, Malerei und Bildhauerei sind mit im Boot.

Vielfalt, Kultur und Geschichte des Alborán-Meers (www.auladelmar.info, 1. Juli–10. Sept. tgl. 11–14, 17–20, sonst Mo–Mi 10.30–14, Do–So 10.30–14, 16.30–18.30 Uhr, 7/5 €). Leihgaben aus dem berühmten Pariser Mutterhaus zeigt das **Centre Pompidou Málaga** **8** unter einem farbigen Glaskubus (www.centrepompidou-malaga.eu, Mi–Mo 9.30–20 Uhr, 7/4 €, inkl. Sonderausstellung 9/5,50 €, So ab 16 Uhr gratis).

MUSEEN, DIE LOHNEN

Eine Reise durch die Zeit
Etwas kopflos, aber durchaus formvollendet bittet Sie zwischen prächtigen Bogengängen und duftenden Orangenbäumen die Dame des Hauses hinein, die römische »Dama de la Aduana« wurde beim Bau des neoklassizistischen Zollgebäudes gefunden. Das neue Museum für Kunst und Archäologie, **Museo de Málaga (MMA)** **4**, mit rund 2250 Ausstellungsstücken das größte Andalusiens, lässt schon in seinem einladenden Innenhof die Essenz dieser Kulturstadt spürbar werden.

Pl. de la Aduana s/n, www.museosdeandalucia. es/web/museodemalaga, Di–Sa 9–21, So, Fei 9–15 Uhr, 1,50 €, für EU-Bürger Eintritt frei

Málagas Universalgenie
Wussten Sie, dass Pablo Picasso 1885 in Málaga geboren wurde? Die Stadt ehrt

JUNGE KUNST

Die Avantgarde zeitgenössischer Kunst zeigt der **Centro de Arte Contemporáneo** **10** (Alemania s/n und Subida Coracha 25, www. cacmalaga.eu, Di–So Juli, Aug. 9–14, 17–21.30, sonst 9–21.30 Uhr, 3. Mo im Monat geöffnet, Eintritt frei) im Haupthaus in Soho sowie im Ableger unter der Burg. Im Hafenviertel **Soho** fallen ebenso wie in **Lagunillas** die vielen von Street-Art-Künstlern bunt gestalteten Fassaden auf (www. mausmalaga.com, www.streetartma laga.com). Kaufen können Sie junge Kunst auf dem **Mercado Urbano del Soho** **1** (Tomás de Heredia, letzter So im Monat, 11–19 Uhr).

MÁLAGA

Sehenswert
1. Kathedrale
2. Alameda Principal
3. Paseo del Parque
4. Museo de Málaga
5. Rathaus
6. Plaza de Toros
7. Museo Aula del Mar
8. Pompidou Málaga
9. Museo Picasso Málaga
10. Centro de Arte Contemporáneo
11. Museo Carmen Thyssen Málaga
12. Museo Interactivo de la Música de Málaga
13. Friedhof San Miguel
14. Englischer Friedhof
15. Museo Estatal Ruso de San Petersburgo
16. La Térmica
17. Alcazaba
18. Coracha
19. Gibralfaro-Burg
20. Römisches Theater
21. Leuchtturm La Farola

In fremden Betten
1. Hotel Trébol
2. Valeria
3. Parador de Málaga Gibralfaro

Satt & glücklich
1. Antigua Casa de Guardia
2. La Cosmopolita
3. Taverna Uvedoble
4. La Peregrina Centro
5. Parador Málaga Gibralfaro
6. Casa Aranda
7. Café Central

Stöbern & entdecken
1. Mercado Urbano del Soho
2. Calle Marqués de Larios
3. Mercado de Atarazanas

Wenn die Nacht beginnt
1. El Pimpi
2. Café Calle de Bruselas
3. Arte Flamenco Kelipé
4. Peña Flamenca Juan Breva
5. The Top
6. AC Málaga Palacio
7. Hotel Room Mate Larios
8. Sallés Hotel Málaga Centro

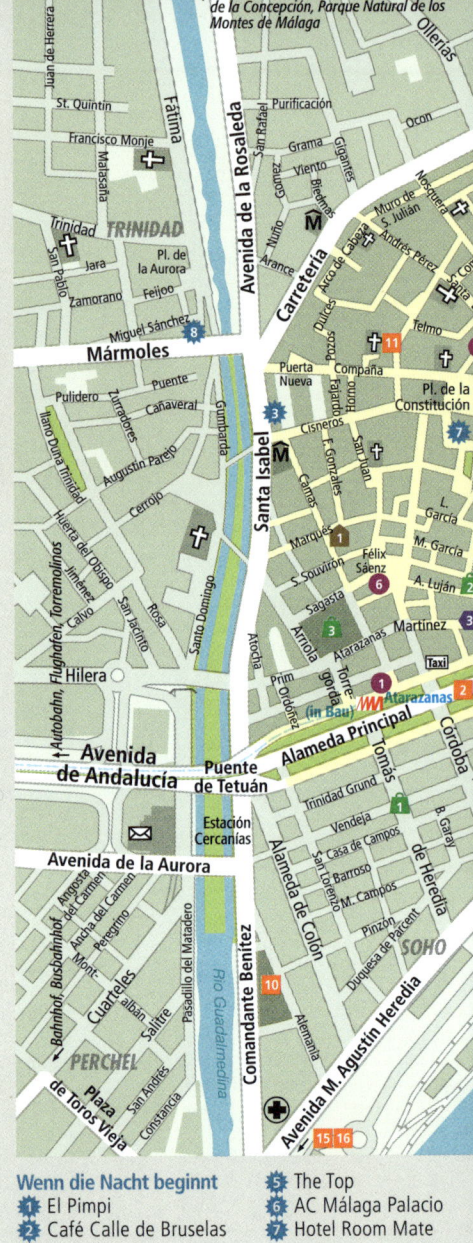

Sport & Aktivitäten
1 Málaga Bike Tours
2 Bike2Málaga
3 Spain Food Sherpas

ihn mit einem Museum, dem **Museo Picasso Málaga (MPM)** 9. Der barocke Adelspalast samt moderner Anbauten steht auf den Fundamenten der Stadtgeschichte und bietet Platz für über 120 Kunstwerke. Die Auswahl der gezeigten Zeichnungen, Gemälde und Skulpturen wechselt alle zwei Jahre, wobei immer ein Überblick über alle Schaffenszeiten des Meisters präsentiert wird.

San Agustín 15, www.museopicassomalaga. org, tgl. Nov.–Febr. 11–17, März–Juni und Sept., Okt. 11–18, Juli, Aug. 11–19 Uhr, 9–12 €, Studenten/Rentner 7 €, So 2 Std. vor Schließung Eintritt frei

Die Sammlung der Baronin

Das **Museo Carmen Thyssen Málaga** 11 präsentiert in einem Renaissancepalast ca. 200 Werke spanischer Künstler. Der Schwerpunkt liegt auf dem 19. Jh.: Romantik, Costumbrismo und Naturalismus sind gut vertreten.

Compañía 10, www.carmenthyssenmalaga.org, Di–So 10–20 Uhr, 10/6 € €, 14.30–16 Uhr 6 €, So ab 16 Uhr Eintritt frei

Museum à la carte

Im interaktiven Musikmuseum **Museo Interactivo de la Música de Málaga (MIMMA)** 12 darf man trommeln, bis die Wände des alten Palacio de las Navas wackeln. Ein Klanglabor, Tanzvorführungen, Konzerte und Instrumentalkurse vervollständigen das Angebot.

MORBIDER CHARME GEFÄLLIG?

Schauen Sie im Reich der Toten vorbei! Der **Friedhof San Miguel** 13 beeindruckt durch monumentale Grabdenkmäler und tempelartige Familiengruften (Cementerio San Miguel, Pl. del Patrocinio s/n, http:// cementeriosanmiguel.malaga.eu, tgl. 9–14, 16–18 Uhr, Eintritt frei). Der kleine **Englische Friedhof** 14 mit uralten Baumriesen mutet dagegen verwunschen an (Cementerio Inglés, Avenida de Priés 1, http://cementerioinglesmalaga.org, Di, Sa, So, Fei 10.30–15 Uhr, 5/4 €).

Beatas 15, www.musicaenaccion.com, Di–So 10.30–18.30 Uhr, 5/3 €, unter 6 Jahren Eintritt frei

Russische Kunst in allen Facetten

Im **Museo Estatal Ruso de San Petersburgo** 15, einer Filiale des russischen Staatsmuseums, treffen in einer alten Tabakfabrik byzantinische Ikonen auf sowjetischen Sozialrealismus.

Tabacalera, Avda. de Sor Teresa Prats s/n, Bus Nr. 16 ab Alameda Principal, Station Tabacalera, www.coleccionmuseoruso.es, Di–So 9.30–20 Uhr, Dauerausstellung 6/3.50 €, unter 18 Jahren sowie So ab 16 Uhr Eintritt frei

---

SCHLEMMEN, SHOPPEN, SCHLAFEN

🏠 **In fremden Betten**

Das Leben findet draußen statt!
Hotel Trébol 1

Die Zimmer sind wirklich klein, die Duschen recht eng. Aber die Räumchen sind adrett, das Bett passt allemal rein, und wer will in Málaga schon im Zimmer bleiben? Das Tollste ist: Die schöne Markthalle liegt ganz in der Nähe!

Moreno Carbonero 3, T 952 60 87 02, www.hoteltrebol.com | €

Andalusische Dachterrasse
Valeria 2

Frisch aus dem Ei geschlüpft – und schon ein Star. Málagas Gärten dienten als Deko-Inspiration für das 2016 eröffnete Boutique-Hotel. Der Clou liegt auf dem Dach: ein Pool mit Weitblick.

Pl. del Poeta Alfonso Canales, 5, Ecke Pl. de la Marina, T 952 06 04 01, www.room-mateho tels.com | €€

Über der Stadt & Meerblick gratis
Parador de Málaga Gibralfaro 3

Die staatliche Hotelkette ist bekanntermaßen gut, von den Zimmern bis zur Gastronomie. Das gilt auch für den stilvollen Natursteinbau am Gibralfaro – mit Terrassen, Gartenanlagen und Pool.

Monte Gibralfaro, T 952 22 19 02, www.parador.es | €€–€€€

Satt & glücklich

Feinschmeckerküche
La Cosmopolita ❷
Das traditionsbewusste Restaurant hat viel Gemüse, Fisch, Fleisch und Meeresfrüchte auf der Karte und kann locker auf Sterneniveau mithalten. Egal ob Sie im stylish schlichten Innenraum oder auf der hübschen Terrasse gespeist haben, Sie werden zufrieden nach Hause gehen.
José Denis Belgrano 3, T 952 21 58 27, www.la
cosmopolita.es, Mo–Sa 13.30–16, 20–24 Uhr |
€–€€

Mal was anderes
Taverna Uvedoble ❸
Willie Orellana steht selbst am Herd und hat Spaß, Neues zu kreieren. Es gibt schmackhafte Tapas und Salate, zu den Klassikern gehören die *fideos negros tostados con calamaritos,* gebratene schwarze Fadennudeln mit Tintenfischchen.
Alcazabilla 1, T 951 24 84 78, www.uvedobleta
berna.com, Mo–Sa 12.30–16, 20–24 Uhr | €

Alles Gute aus dem Meer
La Peregrina Centro ❹
Im familienbetriebenen Lokal landet alles, was sich im Meer fangen lässt, in den Kochtöpfen. Ganz besonders gut schmecken hier die länglichen *navajas* (Scheidenmuscheln) sowie die *peregrinas al pilpil* (Jakobsmuscheln mit Chili), die dem Restaurant seinen Namen gaben.
Madre de Dios 17 und 37, Di–Sa 12.45–17, 20–0.30, So 12.45–17 Uhr | €

SUPPEN

Typisch für Málaga ist *ajoblanco,* eine kalte Suppe aus Mandeln, Knoblauch, Brot, Olivenöl und Wasser, sehr erfrischend im Sommer. *Gazpachuelo* dagegen wird warm gegessen: Ihr Rezept verfeinert Fischbrühe mit Mayonnaise aus Eigelb, Olivenöl und Knoblauch.

Churros sind Verwandte des Krapfens: Brandteig spiralförmig in heißem Öl ausfrittiert und in Stücke geschnitten.

 Stöbern & entdecken

Modemeile
Calle Marqués de Larios ❷
In dieser zentralen Fußgängerzone reiht sich ein Modeladen an den anderen, darüber prächtig herausgeputzt die Málaga-typischen Fassaden vom Ende des 19. Jh. Ähnliches gilt für die Nebengassen mit Bekleidungs- und

---

LEBENDIGES BÜRGERZENTRUM

Der geräumige alte Gebäudekomplex **La Térmica** ⓰ will als moderner Thinktank auch Platz im Kopf schaffen. Denn der Kulturbegriff wird hier weit gefasst: Von Videokunst über Urban Gardening bis zu chinesischer Medizin spannt sich der Themenbogen für Ausstellungen, Darbietungen, Kurse oder Workshops. Jeden ersten Freitag im Monat trifft man sich ab 19 Uhr zum **nächtlichen Kulturflohmarkt** (Avda. de los Guindos 48, Bus: 7, 10, 40, Metro: L2 (La Luz–La Paz), www.latermicamalaga.com, tgl. 8–22 Uhr).

Grandiose Aussichts-punkte – **Málagas Festungen**

Mehr als tausend Jahre haben sie auf dem Buckel und in tausend Jahren ist kein beeindruckenderes Bauwerk in Málaga entstanden: Die mächtigen Zitadellen aus maurischer Zeit ziehen sich über die Stadthügel und scheinen bis heute den Hafen zu bewachen.

Gewiss wollten die Mauren, die einst hier residierten, ihren Gast mit ein wenig Verwirrung willkommen heißen. Nie wusste er, was ihn hinter dem nächsten Tordurchgang erwartete. Und natürlich ließen ihn die ganze Zeit die Soldaten des muslimischen Statthalters von Málaga nicht aus den Augen … Hügelauf windet sich der Weg, teils im Zickzack und durch knickförmig oder verwinkelt angelegte Tortürme, sobald man die **Alcazaba** `17` betreten hat.

Ein Vorgeschmack auf die Alhambra

Durch verschiedene Gärten und Höfe geht es ins Innere des oberen Burgbezirks und zum Nasriden-Palast. In seiner heutigen Form stammt er größtenteils aus dem 14. Jh. Die wichtigste Bauphase der gesamten Alcazaba datiert ins 11. Jh.: Der Taifa-König Badis aus dem Geschlecht der in Granada herrschenden Ziriden befahl ihre Errichtung 1057. Und aus dieser Zeit stammt noch der intime Wohnbezirk der Alcazaba, der sich um drei Innenhöfe gruppiert. Ab 1179 gehörte Málaga zum Nasridenreich, bis der Katholische König Fernando die Festung am 19. August 1487 während der Reconquista eroberte.

Hinauf zum Castillo de Gibralfaro

Die Burg weiter oben, auf der Spitze des Gibralfaro-Hügels, diente der Verteidigung und dem Schutz der Alcazaba von der Bergseite her. Dorthin führte ursprünglich ein bewehrter Verbindungsgang, die **Coracha** `18`. Heute geht der Weg entlang ihrer Außenmauer hinauf. Etwa 200 m

Schon zu punisch-phönizischer Zeit soll sich ein Wachposten auf dem Gibralfaro-Hügel befunden haben. Der Name, abgeleitet von *yabal* (arabisch ›Berg‹) und *faruh* (griechisch ›Leuchtturm‹), erinnert vermutlich an ein **Leuchtfeuer**, das einst vom Berg her den Schiffen den Weg in die Bucht von Málaga wies.

vor der **Gibralfaro-Burg** 19 liegt ein Aussichtspunkt: Man überblickt den Hafen sowie die neu
angelegten Strandpromenaden, die sich bis nach
Torremolinos erstrecken. Ganz oben angelangt,
genießt man von der Mauer der Gibralfaro-Burg
einen noch besseren Ausblick über die Stadt und
ihre Umgebung bis zu den Bergen hinauf.

Eine erste maurische Wehrburg wurde unter dem omaijadischen Emir von Córdoba Abd
ar-Rahman I. (758–788) auf der Spitze des Gibralfaro errichtet. Allerdings stammen die heutigen Mauern und Bauten aus dem 14. Jh., aus
der Zeit des Nasridenherrschers Yusuf I. von Granada. Im Inneren der Burg veranschaulicht eine
kleine Ausstellung ihre ehemalige militärische
Funktion. Waffen, Uniformen und Landkarten
aus verschiedenen Epochen machen deutlich:
Nicht immer kamen die Besucher in Málagas
Hafen in so friedlicher Absicht wie die heutigen
Kreuzfahrer.

*Typisch maurisch: Huf-
eisenbögen mit floralem
Stuckdekor*

Aus Kaiser Augustus' Zeiten

Zu Füßen der Alcazaba arbeiten Archäologen seit
Jahren an der Rekonstruktion eines **römischen
Theaters** 20. Und inzwischen ist die Größe der
Anlage wieder gut vorstellbar. Allerdings wurde
mancher Stein für den Bau der Festung genutzt.
Das Theater, das bis zum 3. Jh. in Betrieb war,
wird seit einigen Jahren auch wieder für Aufführungen genutzt. Ein Besucherzentrum am Eingang informiert über seine Geschichte.

INFOS/ÖFFNUNGSZEITEN

Alcazaba 17/**Gibralfaro** 19: Alcazabilla
s/n, T 630 93 29 87, tgl. 9–18 (im Sommer bis 20) Uhr, Einzelticket 3,50 €, Kombiticket 5,50 € (2 Tage gültig), So ab 14
Uhr Eintritt frei. Ins Innere des Alcazaba
fährt auch ein Aufzug (hinterm Rathaus,
Di–So). Für den Aufstieg zur Gibralfaro-Festung sind ca. 30 Min. einzuplanen.
Die Buslinie 35 fährt von der Alameda
Principal hinauf: Mo–Fr 7–19, Sa, So, Fei
11–14, 16–19 Uhr alle 30–45 Min.
Römisches Theater 20: Alcazabilla

8, T 951 50 11 15, Di–Sa 10–18, So
10–16 Uhr, Führungen nach tel. Abspra-
che, Eintritt frei

KULINARISCHES FÜR ZWISCHENDRIN

Unterhalb der Gibralfaro-Festung liegt
von Pinien umgeben das Hotel **Parador
de Málaga Gibralfaro** 5, auf dessen
Caféterrasse man sich von der Anstren-
gung des Aufstiegs erholen und den Blick
schweifen lassen kann (Monte Gibralfaro,
T 952 22 19 02, www.parador.es | €€).

Faltplan: G 5 | Cityplan S. 18

AUS DER ZEIT GEFALLEN

Einfach in der **Casa Aranda** ❻
sitzen und Leute gucken, das ist ein
Stück Málaga abseits der üblichen
Trampelpfade. Zu Kaffee und Kakao
lässt man sich typisch spanische
churros schmecken (Herrería del Rey
3, www.casa-aranda.net, Mo–Sa
7/8–13, 17–21, So/Fei 8–12,
17–21 Uhr | €). Auch im **Café Cen-
tral** ❼ wird dieses Krapfengebäck
seit über 100 Jahren serviert neben
Tapas und leckeren *pitufos,* herzhaft
belegten Brötchen (Café Central
Pl. de la Constitución, 11, www.
cafecentral.es, tgl. 8–24 Uhr | €).

Schuhläden, dazwischen eine Reihe an
Designershops.

Mediterrane Markthalle
Mercado de Atarazanas ❸
Málagas Markthalle steht an der Stelle
der arabischen Werften, das oriena-
lisch anmutende Haupttor stammt aus
dem 13. Jh. Das Gebäude ist also eine
Preziose, aber Hauptsache sind die
Berge an Gambas, Orangen, Tomaten,
Mandeln, Oliven … und die Gastrostän-
de mit den neusten Tapakreation.
Atarazanas s/n, Mo–Sa 9–14 Uhr

 Wenn die Nacht beginnt

Nachts schieben sich Menschenwolken
durch die Innenstadt, vor allem über die
Plaza de Uncibay, durch die Calle Granada und die Gassen rund um die Kathedrale. Auch an der neuen Hafenmole
geht man flanieren, Eis essen, dinieren
und Cocktails schlürfen. Im Sommer
trifft man sich an den Stränden von La
Malagueta, El Palo und El Pedregalejo.

Szenetreff forever
El Pimpi ❶
Urige Taverne mit Fotos der Promis, die
hier im Lauf der Jahrzehnte eingekehrt
sind. Einer der Eigentümer ist übrigens
Antonio Banderas. Beliebt ist die
riesige Außenterrasse mit Alcazabablick.
Nebenan im **La Sole del Pimpi** (T 952
22 89 90, www.lasoledelpimpi.es, tgl.
12–0 Uhr) paart sich avantgardistisches
Design mit kreativer Kochkunst und
guten Cocktails. So schmeckt Málaga!
Granada 62, T 952 22 54 03, www.elpimpi.com,
tgl. 12–0 Uhr

Alternatives Ambiente
Café Calle de Bruselas ❷
Abends verwandelt sich das Tapa-Lokal
(Menü ab 10 €) in eine Bar für jugend-
liches, z. T. schwules Publikum direkt an
der geräumigen Plaza de la Merced, die

*Tragische Musik und beeindruckende Prozessionen ergeben in der Karwoche eine
ergreifende Szenerie, die auch Außenstehende nicht kaltlässt. In schwankendem
Schritt trägt jede Bruderschaft zwei tronos, einen Christus- und einen Marienaltar.*

schon vor hundert Jahren als Zentrum des Nachtlebens von Málaga galt.
Pl. de la Merced 16, T 952 60 39 48, tgl. 10–24 Uhr

Andalusische Klänge

Wer in Málaga echten Flamenco genießen möchte, geht ins **Centro de Arte Flamenco Kelipé** (Muro de la Puerta Nueva 10, T 692 82 98 85, www.kelipe.net, Vorführungen Do–Sa ab 20 Uhr, 30 € inkl. Getränk): authentischer Tanz mit Livemusik und Gesang, und wem das nicht reicht, der kann sich gleich selbst für einen Workshop anmelden. Auch in der **Peña Flamenca Juan Breva** mit kleinem **Flamencomuseum** geht es musikalisch höchst authentisch zu (Ramón Franquelo 4, T 952 22 13 80, www.peñajuanbreva.eu).

....

🏃 Sport & Aktivitäten

Radtouren und Radverleih
Málaga Bike Tours ❶
Für Rundfahrten auf eigene Faust und geführte Touren durch Málaga oder auch in die Berge.
Trinidad Grund 5a, T 606 97 85 13, www.malagabiketours.eu, Radverleih 7–12 €/Tag

Bike2Málaga ❷
Auch Fahrradtaxis und Touren.
Pl. del Poeta Alfonso Canales (Vendeja 6), T 650 67 70 63, www.biketoursmalaga.com, tgl. 10–19/20 Uhr, Radverleih 7–12 €/Tag

....

INFOS

....

Oficinas de Turismo: Pl. de la Marina 11, T 951 92 60 20; Granada 70, T 951 92 92 50; www.malagaturismo.com, tgl. 9/10–18/20 Uhr; Infostände am Flughafen und Bahnhof; Infobüro der Provinz Málaga: CITI, Ancla 1, T 952 06 92 52, Mo–Fr 9–14 Uhr
Oficina Junta de Andalucía: Pl. de la Constitución 7, T 951 30 89 11, www.andalucia.org, Mo–Fr 9–19.30, Sa, So, Fei 9.30–15 Uhr
Flughafen: ▶ S. 94
Züge: Estación Central María Zambra-

In warmen Sommernächten lässt sich der Blick über Stadt und Meer am besten von der Dachterrasse eines Hotels aus genießen. Auch Nicht-Hotelgäste dürfen hier gerne bei Tapas und Wein relaxen: **The Top** 🔆 (Hotel Molina Lario, Molina Lario 20–22), **AC Málaga Palacio** 🔆 (Cortina del Muelle 1), **Hotel Room Mate Larios** 🔆 (Marqués de Larios 2), **Sallés Hotel Málaga Centro** 🔆 (Mármoles 6).

no, www.renfe.es, s. auch ▶ S. 110
Überlandbusse: Estación Central de Autobuses, Paseo de los Tilos (neben dem Bahnhof), T 952 35 00 61, www.estabus.emtsam.es, tgl. 7–21.30 Uhr, Metro: Perchel, ▶ S. 112
Regionalbusse: Estación Muelle Heredia, Avda. Manuel Agustín Heredia (bei der Pl. de la Marina), www.ctmam.es. Verbindungen nach Torremolinos, Fuengirola, Mijas, Nerja etc., ▶ S. 112
Stadtbusse: EMT, T 902 52 72 00, www.emtmalaga.es, Einzelfahrschein 1,40 €, Tarjeta Bus (10 Fahrten/je 1 Std. gültig inkl. Umsteigen) 8,40 €. Fahrpläne an der Alameda Principal 15, im Busbahnhof und in Touristenbüros
Metro: T 952 06 16 42, www.metromalaga.es, Einzelfahrschein 1,35 €
Fähren: ▶ S. 113

KOCH-WORKSHOPS

Den Geschmack des Urlaubs mit in die Heimat nehmen. Ob traditionelle Tapas, innovative Kreationen oder vegetarische Rezepte, die Köche von **Spain Food Sherpas** ❸ (Marqués de Larios 18, T 644 32 98 06, www.spainfoodsherpas.com) weihen Sie ein in die Geheimnisse der Gourmet-Hauptstadt Málaga.

Immer am Meer entlang – **Málagas Strand**

Einfach loslaufen, immer der Küstenlinie folgen! Vielleicht auf der Suche nach den letzten Fischern? Oder einfach nur, um das Meeresrauschen im Ohr zu haben und den frischen Wind um die Nase? Oder um eine weitere Facette der Stadt zu erleben …

Die Kamera bereithalten! Für das Stadtpanorama mit Kathedrale und Maurenburg, das sich von der Ostseite des Hafens bietet. Um den 200 Jahre alten **Leuchtturm La Farola** `21` herum erreicht man den Stadtstrand **La Malagueta** und kann dann kilometerweit am Meer entlanglaufen. Nur am Ende der **Playa de la Caleta** muss man kurz auf die Strandpromenade ausweichen. Dort erreicht man den **Balneario** ❽, ein ehemaliges Bad, jetzt ein Strandrestaurant. Auf den Eingang zugehen und kurz davor nach links in einen Sandweg wenden.

Eine Kleinwerft kämpft ums Überleben

Nach Passieren einer Schmalstelle zwischen Bebauung und Meer hat man die **Playa de las Acacias** erreicht und damit das alte Fischerviertel **Pedregalejo**. Ein Symbol des Viertels sind die **Astilleros Nereo** `22`, eine kleine Werft, die um ihr Überleben kämpft. Die Stadt würde das Gebäude gern abreißen und dadurch die Unterbrechung der Strandpromenade an dieser Stelle aufheben. Doch so schnell gibt die Werft nicht auf! Sie bezeichnet sich als »Ökomuseum«. Schließlich werden hier noch immer Traditionsboote gebaut oder saniert, darunter auch *jábegas*.

Im Fischerviertel

Ein meist trockenes Bachbett mit einer Fußgängerbrücke markiert den Übergang zum Viertel **El Palo,** dessen Meerespromenade ebenfalls von Restaurants gesäumt wird. Eine weitere Brücke über den nächsten Bach führt zum letzten Stadtstrand, der **Playa del Dedo**. Am äußersten Ende befinden sich ein Sporthafen und das urige Strandrestaurant **El Tintero II** ❾.

Hat das Boot mir gerade zugewinkt? Erkennbar ist dieses 3000 Jahre alte Modell mit deutlich phönizischen Ursprüngen am aufgemalten Auge am Bug. Heute noch werden *jábegas* zu festlichen Regatten eingesetzt.

Am 7. Februar 1937 machten sich rund 150 000 Menschen in Málaga auf die Flucht vor den Faschisten. Rund 4000 fanden auf ihrem Weg Richtung Almería den Tod. In Málaga wird dieses Ereignis als »La desbandá« erinnert.

Alte Fischerboote auf dem Strand? Fehlanzeige! Diese Zeiten sind vorbei. Oder doch nicht: Wunderbare alte Holzboote, per Hand bemalt, mit Sand befüllt, sind in kleine Grillplätze verwandelt worden. Sie gehören zu den Fischrestaurants, die sich an der Strandpromenade aneinanderreihen. Espetos, Sardinenspieße, garen über dem Feuer.

Raus aus der Stadt

Am Stadtrand erinnert der **Paseo de los Canadienses** 23 genannte Felstunnel am Meer an die Hilfe, die Kanada einst denjenigen gewährte, die hier im Spanischen Bürgerkrieg vor Francos Truppen flohen. Dann wird der Weg kurz ungemütlich, er führt an einem Zementwerk vorbei. In der Küstensiedlung **La Cala del Moral** liegen nun endlich echte Fischerboote am Strand, auch *jábegas*.

INFOS

Astilleros Nereo 22: www.astillerosnereo.es, Mo–Fr 10–14, 16–19, Sa, letzter So im Monat 10–14 Uhr

---

LIEBLINGSRESTAURANTS AM STRAND

Finger lecken erlaubt! Und das werden Sie, so gut schmeckt der Fisch im

Restaurante Antonio 9 (Playa de El Chanquete 41, T 952 29 93 28, Di–So 12–23 Uhr | €). Im **El Tintero II** 10 preisen die Kellner die Gerichte auf ihren Tellern an: Wer »Hier!« ruft, bekommt den Zuschlag (Playa del Dedo, El Palo s/n, T 952 20 68 26, www.facebook.com/eltinterorestaurante, tgl. 12.30–23.30 Uhr | €–€€).

Semana Santa: An den Prozessionen der Karwoche – besonders schön am Mo, Mi und Do – beteiligen sich 35 Bruderschaften mit 70 *tronos* genannten Passionsaltären.

Noche de San Juan: 23./24. Juni. Die Johannisnacht feiert man mit Musik und Feuern an der Playa de la Malagueta.

Feria: Aug. Schauplätze des Volksfestes mit viel Tanz und Musik sind die Innenstadt und das Feria-Gelände.

Bienal de Arte Flamenco de Málaga: Sommer 2023, 2025 …, www.malagaenflamenco.com

Festival de Cine de Málaga: März, www.festivaldemalaga.com

IN DER UMGEBUNG

Ein Garten Eden
Der **Jardín Botánico-Histórico de la Concepción** (🗺 G 5) ist die riesige Parkanlage einer 1850 angelegten Finca. Ein botanisches und kulturhistorisches Kleinod! (Ctra. Pedrizas, N-331, km 216, ca. 5 km nördl. des Zentrums, www.laconcepcion.malaga.eu, Di–So 9.30–17.30, April–Sept. bis 20.30 Uhr, 5,20 €/3,10 €, So April–Sept. ab 16.30, sonst ab 14 Uhr Eintritt frei; EMT-Stadtbus Linie 2 von Alameda Principal bis Endstation, von dort 15 Min. Fußweg, Sightseeingbus vom Bahnhof oder Museo del Automóvil, je 1,40 €).

Hoch in die Berge
Im **Parque Natural de los Montes de Málaga** (🗺 G 5), einem 5000 ha großen Naturpark in den Bergen von Málaga, versteckt sich das Hotel Humaina, eine Unterkunft in einem wunderbar ruhigen Landsitz (Ctra. de Colmenar s/n, 18 km nördl. von Málaga, T 648 20 10 54, https://hotelhumaina.com | €–€€).

Natur, Höhlenmalereien und Ruinen
Über **Carratraca** und **Ardales** (🗺 E 4/5), das berühmt ist für die weltältesten Höhlenmalereien – geschaffen von

Neandertalern vor rund 65 000 Jahren (Führung: T 952 45 80 46) –, erreicht man die Schlucht, **Garganta del Chorro,** ▶ S. 30. Von der MA-5403 führt bei km 8,1 ein Abzweig zu den **Ruinen von Bobastro** (🗺 E 4), wo man neben den Resten einer mozarabischen, aus dem Felsgestein herausgeschlagenen Basilika, die Ruinen einer Burg erkennt (Zugang u. Eintritt frei, Führung 3 €: Di–So 10–15 Uhr stdl.). Am Ende der Straße lockt beim **Mirador del Tajo de la Encantada** ein kleines Café mit spektakulärem Ausblick.

Antequera 🗺 F 4

Der Ort (55 km nördlich von Málaga) strahlt die Ruhe eines typisch andalusischen Landstädtchens aus. Er besitzt einen intakten weißen Stadtkern mit vielen alten Adelspalästen sowie reich geschmückten Kirchen und Klöstern.

Stolze Zeugen der Geschichte
Die denkmalgeschützte *zona monumental* überragt die Stadt – von weitem sichtbar. Oben angelangt, empfängt Sie das erste Renaissancebauwerk in Andalusien, die **Real Colegiata de Santa María la Mayor** (1514–50), heute dient sie als Ausstellungsraum (tgl. 10–18 Uhr, 3 €, Di 14–18 Uhr Eintritt frei). Dahinter liegen die Reste der antiken Thermen sowie der **Alcazaba,** der römisch-maurisch-christlichen Burganlage (tgl. 10–18 Uhr, 6 €, inkl. Real Colegiata).

Das Gedächtnis der Stadt
In der Nähe der Conventos de las Catalinas und de la Encarnación beherbergt der barocke Palacio de Nájera das **Museo de la Ciudad,** ein Stadtmuseum für Archäologie, Ethnografie und Kunst (Pl. del Coso Viejo, Di–Sa 9–15, So 9–14 Uhr, Eintritt frei).

Zeitreise in die Steinzeit
Zum UNESCO-Weltkulturerbe gehören die am Stadtrand gelegenen **Dolmen von Antequera,** drei prähistorische

Buchen Sie eine Nachttour im Torcal de Antequera! Im Dunkeln wirkt die Landschaft besonders surreal, märchenhaft verwunschene Kalksteinformationen scheinen zum Leben zu erwachen. Der grandiose Sternenhimmel tut sein Übriges …

Grabanlagen der Megalithkultur, über die ein Besucherzentrum Hintergrundinfos liefert. Schilder weisen den Weg zum Dolmen de El Romeral, dessen Steine bereits mit Lehm aufgemauert wurden.

Avda. de Málaga 1, www.museosdeandalucia. es, Di–Sa Mitte Juni–Mitte Sept. 9–15, 20–22, sonst 9–18/21, So, Fei 9–15 Uhr, Eintritt frei

🍴 Familiär
Restaurante Arte de Cozina
Charo Carmona greift auf Rezepte aus dem sephardischen Spanien zurück. Es schmeckt – und das im Ambiente eines historischen Hauses mit Kamin und Patio aus dem 17. Jh. Eine einfache Hospedería ist angeschlossen.

Calzada 27, T 952 84 00 14, www.artedecozi na.com, Mi–Sa 13.30–17, 20.30–23.30, So 13.30–17 Uhr, Juli geschl. | €–€€

🍴 Raus aufs Land
Caserío de San Benito
Regionaltypische Küche in stilgerechtem Landhaus aus dem 18. Jh. Im Winter wärmt das Kaminfeuer, im Sommer sitzt man im begrünten Innenhof.

A-45, km 87 (Ausfahrt 86, nahe der MA-6415), T 952 11 11 03, www.caseriodesanbenito.com, tgl. 8–18 Uhr | €–€€

❶ Infos
Oficina de Turismo: Encarnación 4, T 952 70 25 05, http://turismo.antequera. es, Mo–Sa 9.30–19, So, Fei 10–14 Uhr.
Züge: Antequera-Ciudad im Zentrum; Antequera-Santa Ana, 18 km außerhalb
Busse: Bahnhof am Paseo García Olmo s/n, ca. stdl. Busse von/nach Málaga.

IN DER UMGEBUNG

Abseits der Besucherströme
Der weiße Ort **Archidona** (📖 G 3) steht unter Denkmalschutz mitsamt Stadtmauer und Burg sowie der achteckigen Plaza Ochavada – ein Markenzeichen des Dorfes – aus dem 18. Jh.

Flamingos sichten?
Die riesige Salzwasserlagune **Laguna de Fuentedepiedra** (📖 E 3) zieht jährlich rund 170 Vogelarten an, darunter bis zu 20 000 Flamingopaare. In Trockenzeiten ist der Tierbestand allerdings geringer.

Centro de Visitantes José Antonio Valverde, Cerro del Palo, Fuente de Piedra, T 952 71 52 54, www.visitasfuentepiedra.es, tgl. 10–15/16/17 Uhr, Führungen ab 8 €

Torcal de Antequera: ▸ S. 32

Ein König auf dem Holzweg – **Caminito del Rey**

Tatsächlich benutzte König Alfons XIII. 1921 die seither »Königsweglein« genannte gewagte Bretterkonstruktion, die an den Felswänden der tiefen Klamm Garganta del Chorro aufgehängt ist. Ihre Umgebung ist ein Eldorado für Naturfreunde: das Farbspiel der Felsen, das Blau des Wassers, die Geier in der Luft …

Bis zu 400 m ragen die zerklüfteten Felsen hoch an der auch **Desfiladero de los Gaitanes** 1 genannten langen Schlucht des Río Guadalhorce.

Plankenweg für Schwindelfreie

Der neue, gut gesicherte Plankenweg ist Teil der spektakulärsten Wanderstrecke Andalusiens.

Der Eingang zum **Caminito del Rey** 2 befindet sich nahe dem **Mirador de los Embalses,** einem Aussichtspunkt, der einen weiten Blick über die Staubecken von Conde de Guadalhorce (1921), Guadalteba (1971) und Guadalhorce (1973) erlaubt. Diese drei Seen halten die Fluten des Guadalhorce, des Guadalteba und des Turón zurück und bilden das wichtigste Wasserreservoir der Provinz Málaga.

Vom Parkplatz nahe dem **Restaurant El Mirador** 1 erreicht man den Fußgängertunnel, der zum Zugangsweg führt. Insgesamt ist die Wanderstrecke 7,7 km lang, 1,5 km davon über Stege am Fels (ein Teil kann durch einen neuen Tunnel umgangen werden). An manchen Stellen ist der Boden verglast, tief durchatmen und draufwagen: So fühlen Sie sich dem rund 100 m tiefen Abgrund noch näher.

Angelegt wurde der Caminito Anfang des 20. Jh. im Rahmen der Instandhaltung verschiedener Wasserkraftwerke. Den schmalen Plankenpfad nutzten dann später auch die Bewohner der umliegenden Weiler als Verbindungsweg. Nachdem König Alfons XIII. 1921 den Weg beging, um der Einweihung des Staudamms Presa del Conde de Guadalhorce beizuwohnen, erhielt der Pfad seinen Namen: Caminito del Rey. Heute ist alles streng gesichert und es besteht keinerlei Gefahr. Das Highlight kommt zum Schluss: Auf einer

Der ursprünglich 1905 fertiggestellte Bretterweg war morsch geworden. In jahrelanger Arbeit setzte man ihn komplett instand, um ihn 2015 als Touristenattraktion wiederzueröffnen.

schaukelnden Hängebrücke queren die Wanderer den tief unten dahinrauschenden Fluss. Ein spektakuläres Erlebnis!

Relaxen am Wasser

Nachdem sich der Guadalhorce durch die enge Schlucht gezwängt hat, kommen seine Fluten im – und die Wanderer am – Staubecken des Tajo de la Encantada wieder zur Ruhe. Nahe dem kleinen See und der Bahnstation haben sich ein paar Pensionen angesiedelt, ideale Unterkünfte für Outdoor-Fans. In der einfachen Bar im **Bahnhof El Chorro-Caminito del Rey** 3 auf einen Aperitif einzukehren, lohnt auf alle Fälle. Die sympathische Gastwirtin kennt sich nämlich bestens in der Ortsgeschichte aus!

B
BOOTE

Beim **Camping Parque Ardales** 1 kann man Kanus und Tretboote mieten (T 951 26 49 24, www.parqueardales.com, Apr.–Okt.).

INFOS/ÖFFNUNGSZEITEN
Anfahrt von Málaga: rund 60 km, mit dem Auto via A-357 nach Ardales, dann MA-5403 nach Nordosten zum Parkplatz beim Restaurant El Mirador. Mit dem Zug zum Bahnhof El Chorro, von dort Shuttlebus zu El Mirador und El Kiosko.
Caminito del Rey 2: Di–So 9.30–15 (im Sommer bis 17 Uhr), Einlass alle 30 Min., nur begrenzt verfügbare Tickets, Online-Reservierung dringend empfohlen, 10 €, mit Führung (auch auf Engl.) 18 €, Zutritt ab 8 J., Besucherzentrum im Bahnhof (neues Besucherzentrum im Bau am Cruce las Atalayas), T 902 78 73 25, 951 43 42 15, www.caminito delrey.info. Sicherheitshelme werden an der Ticketkontrolle ausgegeben.

IM LANDHAUSSTIL SCHWELGEN

Im **Complejo Turístico Rural La Garganta** 1, einer Unterkunft in einer ehemaligen Fabrik mit Restaurant und Pool, werden Sie sich wohlfühlen (El Chorro, T 952 49 50 00, 607 70 77 59, www.lagarganta.com, auch Apartments für 2–4 Pers. | €–€€). Auch Hotel und Restaurant **La Posada del Conde** 2 empfangen in familiärer Atmosphäre

(Poblado del Pantano, T 952 11 24 11, www.hoteldelconde.com | €).

KULINARISCHES FÜR ZWISCHENDRIN

Stärken Sie sich im **El Mirador** 1 (Parque Ardales/Zona Cuarta, T 952 11 98 09, tgl. 9–23, Küche ab 13 Uhr | €) oder im **Restaurante El Kiosko** 2 (Parque Ardales/Pantano El Chorro, T 952 11 23 82, www.restauranteelkiosko.com, tgl. 8.30–23 Uhr | €) mit deftiger Landküche.

Gewaltiges Felsen-meer – **El Torcal de Antequera**

Ein ungewöhnliches Stück Natur! Der Torcal von Antequera ist eine wilde Gebirgslandschaft voller überraschend geformter Felsgebilde. Bis zu 1370 m hoch ist das Kalksteinmassiv, das durch Erosion in einen riesigen Skulpturengarten verwandelt wurde.

Bereits die steile Auffahrt hinauf zum Torcal ist ein Erlebnis! Vom **Mirador de Diego Monea** `1` sieht man bei gutem Wetter bis zum Mittelmeer. Rund 2 km weiter geht links ein kleiner Pfad zum Symbol des Torcal ab: Der **Monumento Natural el Tornillo** – *tornillo* heißt Schraube – erinnert tatsächlich an eine Riesenschraube aus Stein.

Zu Fuß durch das Steinlabyrinth

Zwei ausgeschilderte Wege, die grüne Route *(ruta verde)* und die gelbe *(ruta amarilla)*, starten beim Parkplatz am **Informationszentrum** . Sie sind nicht schwierig zu begehen, allerdings sollte man für felsigen Untergrund geeignetes Schuhwerk tragen. Für den grünen Weg muss man etwa 45 Min. einplanen. Der gelbe Weg, der vom grünen abzweigt und auf ca. 2 Std. ausgelegt ist, führt auch in den Torcal Bajo und zum ›Fensterloch‹ (Hoyo de las Ventanillas). Die Touren schlängeln sich durch abwechslungsreiches Gelände. Mal geht es durch ein schmales Tal, mal durch eine enge Schlucht, aber immer durch Felsformationen, deren stummer Magie sich niemand entziehen kann. Steht da nicht ein Monster? Ach, und diese aufgeschichteten Pfannkuchen! Zum Ende der Wanderung lockt noch einmal eine fantastische Aussicht aus der Vogelperspektive über die sich abflachende Landschaft unterhalb des Torcal vom **Mirador de las Ventanillas** `4`.

Wildzerklüfteter Karst

Das Informationszentrum macht mit der Entstehung und den geologischen Besonderheiten des

---

S
STERNE

Und über allem ein beeindruckender Sternenhimmel, ganz ohne Lichtverschmutzung: Auf dem Gelände des Torcal befindet sich eine **Sternwarte** (öffentliche Termine meist Sa, Daten siehe Webseite, T 600 70 37 00, www.astrotorcal. es, 10/8 €).

Ö
ÖKOSYSTEM

Über 600 (!) botanische Arten haben sich dem feuchten Mikroklima und felsigen Untergrund angepasst. Amphibien, Reptilien, Vögel, aber auch Bergziegen, Füchse und Dachse leben im Torcal. Wanderer werden gelegentlich auch auf eine Schlange, Natter oder sonnenhungrige Perleidechsen treffen.

Torcal vertraut. Das Kalksteinmassiv formte sich während des Jura vor mehr als 150 Mio. Jahren. Wind, Schnee, Regen haben die Landschaft zu bizarren Formen zurechtgeschliffen. Spektakuläre Einschnitte und Gänge führen zwischen den heutigen Steinskulpturen hindurch, denen der Volksmund teils sprechende Namen gab: *El Sombrerillo* (Sonnenhütchen), *El Cáliz* (Kelch) oder *Los Prismáticos* (Fernglas). Am stärksten zerklüftet ist das Gebiet des Torcal Alto (Hoher Torcal), durch den auch der grüne Wanderweg führt. Inzwischen stehen fast 12 km² Fläche unter Naturschutz.

Im Frühjahr leuchten die blühenden Wiesen.

INFOS/ÖFFNUNGSZEITEN

Anfahrt: 12 km von Antequera (A-343, dann A-7075), 45 km von Málaga (A-45, A-7075). Taxitour von Antequera inkl. 1 Std. Aufenthalt ca. 35 €.
Parken: am Infozentrum sowie am 3,5 km entfernten Tajo de la Venta
Centro de Interpretación del Torcal 3: T 952 24 33 24, www.torcaldeantequera.com, tgl. 10–19, Okt.–März bis 17 Uhr, mit Restaurant samt Terrasse
Geführte Wanderungen: Buchung unter www.visitaantequera.com oder www.senderosuraventura.com

KULINARISCHES FÜR ZWISCHENDRIN

Lokal-typisch und richtig lecker gekocht wird sowohl in der **Venta el Conejo 1** (T 952 70 31 13, Sa, So, Fei 13–17, im Sommer auch Do–So 21–24 Uhr) als auch im Restaurant **Museo Molino Blanco 2** (Ctra. Torcal, km 5, T 952 11 12 76, www.restaurantemolinoblanco.es, Mo–Fr 9–18, So 9–17 Uhr) sowie im **Mesón El Torfa 3**, idyllisch gelegen im weißen Dorf Villanueva de la Concepción (vom Torcal kommend am Dorfeingang, T 660 05 74 08, Do–Di 12–24 Uhr).

El Torcal

0   2 km

Antequera A-343 **1**

2

A-343   A-7075

S i e r r a   P e l a d a

Paraje Natural Torcal de Antequera

Tajo de la Venta P

1

3
Ruta Verde   **2**
Torcal Bajo   **4**
Ruta Amarilla   *Torcal Alto*

Málaga, Casabermeja, **3**

Faltplan: F 4

Die westliche Costa del Sol und Ronda

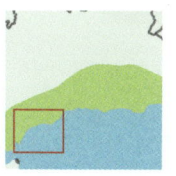

Hier prallen Welten aufeinander. An der Küste über sechzig Kilometer Touristenklischee ohne Lücke im Betonwall. Sonnenschirm an Sonnenschirm und gnadenloser Souvenirkitsch, Partylife für alle Preisklassen und Meeresküche zum Verlieben. Bricht man dann ins Hinterland auf, könnte man auch hinterm Mond gelandet sein, so verträumt schmiegt sich manch weißes Dorf an den Berghang. Ronda dagegen bespielt die große Bühne, ist der Publikumsliebling mit Venusfaktor, gegen dessen Charme keiner immun ist. Wiederum eine Galaxie für sich ist Gibraltar …

Sonnenbaden oben ohne – Salvador Dalís Muse soll die erste gewesen sein, die sich in Torremolinos diese Freiheit nahm, als das Paar im Frühjahr 1930 im Castillo de Santa Clara residierte. Das von einem Engländer oben auf dem Felsen betriebene Hotel lockte bald weitere Berühmt- und Schönheiten an, darunter Brigitte Bardot und Grace Kelly.

Torremolinos ◫ F 6

Kurzärmelig und in Schlappen den Strand entlang promenieren – das ganze Jahr über. Torremolinos ist ein Synonym für die Costa del Sol. Das einstige Bauern- und Fischerdorf ist heute mit seinen immensen Hotelkapazitäten das Touristenzentrum der Sonnenküste schlechthin.

Am Wasser entlang

Beim Anblick der Betonsilhouette mag man nicht glauben, dass die Stadt regulär nur 69 000 Einwohner hat. Der Hauptanziehungsgrund sind die sieben Kilometer Sandstrand samt **Meerespromenade**. Einen guten Ruf weit über die Stadtgrenzen hinaus genießen die Fischrestaurants am Ufer.

Spuren der Fischer suchen

Reste des ›alten‹ Torremolinos findet man noch in den mit Blumenkübeln geschmückten Gassen der **El Calvario** genannten Oberstadt. Durch die Calle de San Miguel gelangt man hinunter zum namensgebenden Mühlenturm arabischen Ursprungs. Gleich daneben liegt die neoklassizistische Iglesia de San Miguel. Das alte Fischerviertel **La Carihuela** ist der ruhigste und charmanteste Winkel von Torremolinos, mit schmalen Straßen und niedriger Bebauung.

⌂ Relaxen am Kamin
Miami

Die Villa mit offenem Kamin wurde für die Flamenco-Tänzerin Lola Medina gebaut, allerdings verwandelte man sie bereits in den 1950er-Jahren in eine charmante Unterkunft. Strandnah in einem tropischen Garten mit Pool.
Aladino 14, La Carihuela, T 952 38 52 55, www.residencia-miami.com | €

⌂ Japanischer Charme
La Luna Blanca

Mix der Kulturen: Spanische und japanische Einflüsse prägen das Hotel mit Sauna, Pool und Restaurant. Die neun Zimmer haben alle Terrasse oder Balkon. Zusatzangebote wie Shiatsu-Massage, Olivenernte, Koch- oder Flamenco-Kurse.
Pasaje del Cerrillo 2, T 952 05 37 11, www.hotellalunablanca.com | €–€€

⦿ Auf Sand gebaut
Chiringuitos in La Carihuela

Das ehemalige Fischerviertel westlich des Felsen von Torremolinos hat sich zur Gastromeile gemausert. Vor allem traditionelle Fischgerichte werden nirgendwo authentischer zubereitet als

---

FATA MORGANA

Aus dem Gewimmel der Hochhausblocks von Torremolinos taucht oberhalb der Playa del Bajondillo ganz unvermutet ein Märchenschloss auf. Die im Neomudejarstil verzierte **Casa de Los Navajas** ließ sich ein reicher Zuckerbaron 1925 als Ferienhaus errichten (Fr–So 11–13, 18–20 Uhr, Eintritt frei).

---

in den Bars an der Strandpromenade. Zu den besten Adressen gehören: **El Canarias Playa** (www.elcanariasplaya.com | €), **La Jábega** (www.lajabegator remolinos.com | €) und **La Coquina** (T 952 38 15 38 | €).
Paseo Marítimo de La Carihuela

🍴 Frisch aus dem Meer
Restaurante Juan
Guten Appetit! Im Traditionslokal mit Terrasse an der Strandpromenade schmecken Fisch und Meeresfrüchte einfach göttlich.
Mar 11 (Paseo Marítimo 28), La Carihuela, T 952 38 56 56, www.restaurantejuan.es, tgl. 13–16, 20–24 Uhr | €–€€

🍴 Spezialitäten aus Cádiz
De Cai Ajopicao
Die Vielfalt der Tapas wird nur noch von der Reichhaltigkeit der restlichen Karte getoppt. Auch die Weinauswahl ist gut.
Casablanca 22, 2ª, T 628 81 16 76, www.facebook.com/DeCaiAjopicao, im Sommer Mo–Do 19.30–23.30, Fr, Sa 13.30–16, 20–23.30, sonst Mo, Di, Do 13–16, Fr, Sa 13–16, 20–22 Uhr | €

🌊 Auf dem Wasser
An allen Stränden sind Abschnitte für **Wassersportler** reserviert. Im Sommer Verleih von Booten, Surfbrettern etc.

❶ Infos & Termine
Oficina de Turismo: Pl. de las Comunidades Autónomas, Playa del Bajondillo, T 952 37 19 09, und Pl. del Remo, La Carihuela, T 952 37 29 56, www.torremolinos.es, Winter Di–So 10–14, Sommer tgl. 10–14, 18–20 Uhr
ÖPNV: ▶ S. 25 oder www.ctmam.com
Busse: mit Avanzabus die Küste entlang, in beide Richtungen (T 912 72 28 32, www.avanzabus.com)
Zug: S-Bahn nach Málaga ▶ S. 112
Virgen del Carmen: 26. Juli. Gegen Abend gibt es eine Meeresprozession.
Día del Turista: An einem Do im Sept. Das heißt, es gibt Fisch und Paella gratis für Touristen am Strand.
Fiestas de San Miguel: 24.–29. Sept. Am Sonntag gibt's eine Wallfahrt mit Pferdekutschen und gigantischer Paella.

Benalmádena 🗺 F 6

Der Kontrast zwischen dem hübschen Dorf in den Ausläufern der Sierra de Mijas und dem Ferienzentrum an der Küste mit seinem beeindruckenden Sporthafen könnte größer nicht sein. Benalmádena (ca. 68 000 Einw.) besteht aus dem alten Bergdorf Benalmádena Pueblo sowie den unterhalb gelegenen Ortsteilen Arroyo de la Miel und Benalmádena Costa mit kilometerlangen Stränden und uniformen Apartmentblocks.

Benalmádena Pueblo
Ein genüsslicher Bummel durch die engen, gewundenen Gassen dieses weißen Dorfes mit blumengeschmückten Häusern ist ein Muss. Einen Besuch verdient auch das **Museo de Arte Precolombino Felipe Orlando** mit Sammlungen präkolumbischer Kunst aus Lateinamerika sowie örtlichen archäologischen Funden aus neolithischer und römischer Zeit (Avda. Juan Luis Peralta 49, www.benalmadena.com/museo, Di–Sa Juli–Mitte Sept. 9.30–13.30, 18–20, sonst 9.30–13.30, 17–19, So, Fei 10–14 Uhr, Eintritt frei).

Das **Castillo de Colomares** in der Nähe von Benalmádena errichtete der Hausherr Dr. Esteban Martín in den 1980er- und 90er-Jahren mit seinen eigenen Händen, unterstützt nur von zwei Maurern. Die surreal anmutende Hommage an Christoph Kolumbus und die Entdeckung Amerikas imitiert Architekturstile des 15. Jh. Nur von außen zu besichtigen (Finca La Carraca, Ctra. Costa del Sol s/n, T 952 44 88 21, www.castillomonumentocolomares.com, Mi–So Sommer 10–14, 17–21, sonst 10–18/19 Uhr Uhr, 2,50/2 €).

Sand satt

Über neun Kilometer erstrecken sich die **Strände**, die mit ihrem teils grauen, gröberen Sand, nahtlos in diejenigen von Fuengirola und Torremolinos übergehen. Nudisten treffen sich hinter dem Hotel Torrequebrada in den Buchten Las Yucas und Las Viborillas, bekannt als Benalnatura.

⌂ Andalusisches Schmuckkästchen
Hotel La Fonda

In die weiße Villa am Hauptplatz des alten Bergdorfs möchte man gleich einziehen. Geht klar! Machen Sie es sich in einem der 27 Zimmer bequem, die rund um einen Innenhof angeordnet sind. Wer keinen eigenen Balkon mit Meerblick hat, genießt diesen von der großen Gemeinschaftsterrasse oder entspannt am Außenpool bzw. im Spa. Gutes hauseigenes Restaurant (€–€€).

Santo Domingo de Guzmán 7, T 952 56 90 47, www.lafondabenalmadena.es | €€

🍲 Für Eintopfliebhaber
Rincón Asturiano

Spezialitätenküche mit asturianischem Einschlag, auch guter Käse und frischer Apfelwein *(sidra)*.

Avda. de la Estación s/n, Arrollo de la Miel, Benalmádena, T 952 56 76 28, www.facebook.com/restauranterinconasturiano, Di–Do 13–16.30, Fr–So 13–16.30, 20.30–23.45 Uhr | €

🍲 Stimmungsvoll am Dorfplatz
La Fuente

Die Küchencrew stellt ihre Fantasie unter Beweis und vollbringt eine hand-

---

werklich hervorragende Leistung. Auch drinnen ist es sehr gemütlich

Pl. de España 9, T 952 56 94 66, www.restaurantelafuente.es, Di–So im Sommer 12–24, sonst 8.30–18 Uhr, im Dez. eine Woche geschl. | €

☁ Vergnügen und Staunen

Benalmádena bietet einige Touristenattraktionen für Familien, darunter der **Tierpark Selwo Marina** (www.selwomarina.es), in dem man Delfine, Seelöwen, Pinguine und andere Vögel antrifft, das **Aquarium Sealife** (www.sealife.es) in Puerto Marina oder den frei zugängliche **La-Paloma-Park** mit See, Kakteengarten, Spielplätzen und Cafés. Außerdem bringt Sie die **Gondelbahn** (www.telefericobenalmadena.com) auf die Spitze des 771 m hohen Calamorro, wo neben dem Blick die tägliche Greifvogel- und Falkenschau den Weg lohnt. Hinunter gelangt man auch zu Fuß oder auf dem (mitgebrachten) Mountainbike. In den Bergen der Umgebung gibt es weitere gekennzeichnete Wanderwege.

❶ Infos

Oficina de Turismo: Avda. de Antonio Machado 10, T 952 44 24 94, www.disfrutabenalmadena.com, tgl. 9–15, im Sommer bis 18 Uhr

Mijas 🗺 F 6

Das schmucke weiße Dorf an den Hängen der gleichnamigen Sierra wirkt wie eine Mischung aus Freilichtmuseum, Souvenirladen und Restaurantmeile. Es ist ein beliebtes Ausflugsziel acht Kilometer oberhalb von Fuengirola, denn von hier schweift der Blick herrlich über die Berge und das Meer. Erst abends wird es in den Gassen von Mijas wieder ruhig.

Einfach mal schlendern

Die Einsiedelei **Ermita de la Virgen de la Peña,** beim Aussichtspunkt Mirador El Compás im Zentrum gelegen, birgt das Bildnis der namengebenden

---

HEIRATEN IM SCHLOSS

Am Strand von Benalmádena erhebt sich das 1927 im arabisierenden Burgstil errichtete **Castillo de Bil-Bil,** ein städtisches Kulturzentrum und in der Provinz Málaga das beliebteste Gebäude für Trauungen (Avda. Antonio Machado 78, T 952 44 43 20, Mo–Fr 9/10–13.30/14, 16/17–21/22 Uhr, Eintritt frei).

Hundetreffen in Mijas vor der kirchlichen Segnung: Da der heilige Antonius der Schutzpatron der Tiere ist, werden an seinem Namenstag, dem 17. Januar, unter anderem Hunde und Katzen herausgeputzt, um sie dem Pfarrer vorzuführen.

Jungfrau in einer Felsennische. Recht kompakt wirkt die **Iglesia Parroquial de la Inmaculada Concepción,** die im 16./17. Jh. an der Stelle einer maurischen Burg im mozarabischen Stil errichtet wurde. Nicht weit davon entfernt befindet sich die vielleicht urigste **Plaza de Toros** in ganz Andalusien. Die Stierkampfarena stammt aus dem Jahr 1900, ist miniklein und hat eine wahrhaft eigenwillige Form (Paseo de Las Murallas s/n, T 952 48 52 48, im Sommer Mo–Fr 11–21, Sa, So 11–19, sonst tgl. 10–19 Uhr, 4 €). In einer halben Stunde gelangt man zu Fuß zur über dem Ort gelegenen **Ermita del Calvario,** einem spektakulären Aussichtspunkt.

RITT AUF DEM BRONZEESEL

Früher galten die Esel-Taxis von Mijas als Touristenattraktion, heute werden sie aus Tierschutzgründen nicht mehr so gern gesehen. Aber besteigen Sie einfach – vollkommen kostenlos – den in Bronze gegossenen Vierbeiner vor dem Rathaus und lassen Sie sich als Don Quijotes Freund Sancho Panza ablichten – samt grauem Gefährten Rucio.

🍽 Baskische Rezepte
Mirlo Blanco
Einfach lecker! Lassen Sie es sich im Sommer auf der Terrasse schmecken und im Winter gemütlich am Kamin. Cuesta de la Villa 13, T 952 48 57 00, www.mirlo-blanco.es, Nov.–Mai Mi–Mo, sonst tgl. 13–15.30, 20–23 Uhr, 10. Jan.–10. Feb. geschl. | €–€€

ℹ Infos
Oficina de Turismo: Pl. Virgen de la Peña s/n (beim Rathaus), T 952 58 90 34, https://turismo.mijas.es, Mo–Fr 9–15 Uhr.
Parken: Im Ortszentrum gibt es kaum Parkmöglichkeiten, deshalb sollten Sie am besten den Parkplatz am Ortseingang nutzen, von dort fährt ein Aufzug zum Touristenbüro.

Fuengirola 🗺 F 6

Das Megaferienzentrum – am Fuße der herb-schönen Sierra de Mijas gelegen – wirkt auf den ersten Blick wie ein Betonmonument des Sonne-und-Strand-Mythos. Sieben Kilometer gepflegter Sandstrand mit ebenso langer Promenade säumen die Küste. Vom Sporthafen

Seit den 1980er-Jahren ist man bestrebt, die chaotisch wuchernde Stadtentwicklung Fuengirolas durch riesige Wandbilder und gigantische Skulpturen künstlerisch aufzuwerten. Dieses offene Museum, *museo abierto*, kann man kostenlos bewundern (www.n-340.org).

starten Bootstouren unter anderem zur Delfinbeobachtung.

Die Aussicht genießen
Hoch oben auf einem Felsvorsprung thront das **Castillo de Sohail**. Die von den Arabern errichtete Burganlage wurde nach der christlichen Reconquista 1485 architektonisch grundlegend verändert. Heute wird das Gelände für Musikfestivals, Mittelaltermärkte und andere Aktivitäten genutzt (Mo–Fr 10–14, Sa, So 10–14, 15.30/18.30–18/21.30 Uhr, Eintritt frei).

Auf den Spuren der Römer
Die Ausgrabungen rund um die **Haus des Sekretärs** genannte Villa aus dem 1. Jh. liegen in einer öffentlichen Grünanlage, dem **Parque Yacimiento Romano.** Hier erkennt man zudem Reste einer antiken Fischfabrik, Töpferöfen und Thermen (am Ortsausgang Richtung Málaga, Jesús Cautivo s/n, Los Boliches, tgl. 10–22/24 Uhr, Eintritt frei).

🍴 Direkt vom Grill
Mesón La Salina
In der alten Salzfabrik werden traditionelle Spezialitäten serviert.
Avda. de la Salina 28, Los Boliches, T 952 47 18 06, www.mesonlasalina.com, Do–Di 13–16, 19-23 Uhr | €€

🍴 Schlemmen wie Annodazumal
Venta La Butibamba
Die Spezialität des Hauses ist mit marinierter Schweinelende belegtes Brot.

Ctra. de Cádiz (N-340), km 201, La Cala de Mijas Costa (ca. 12 km vom Zentrum von Fuengirola), T 952 49 21 33, www.ventabutibamba.com, tgl. 8.30–23 Uhr | €

ℹ️ Infos & Termine
Oficina de Turismo: Paseo Jesús Santos Rein 6, T 952 46 74 57, https://turismo.fuengirola.es, Mo–Fr 9.30–15, Sa, So, Fei 10–14 Uhr
Festival Ciudad de Fuengirola: Juli, Aug. Konzerte und Tanzaufführungen im Castillo de Sohail

Marbella 🗺️ D/E 6

Die Schönen und die Reichen geben sich hier ein Stelldichein – trotz vieler Skandale um Immobilienspekulation und Korruption. Schon in der Antike hieß es, sehen und gesehen werden, wenn die römischen Patrizier sich im Schutz der Sierra Blanca prächtig erholten. In der Stadt und bei ihren 142 000 Einwohnern dreht sich alles um den Fremdenverkehr. Die vier Sporthäfen, zahlreiche Golfplätze und Super-Luxus-Hotels haben Marbella den Beinamen ›Goldene Meile‹ eingebracht.

WAS TUN IN MARBELLA?

Durch die Altstadt bummeln
Der kleine, gut erhaltene Ortskern weist eine typisch mediterran-orientalische Struktur auf. Im Zentrum scharen sich um die Plaza de los Naranjos mit ihrem Renaissancebrunnen von 1604 die **Ermita de Nuestro Señor Santiago 1**, die erste christliche Kirche der Stadt, sowie die **Casa del Corregidor 2** aus dem 17. Jh. und das **Rathaus 3** aus dem 16. Jh. Die Rokoko-Kirche **Iglesia de la Encarnación 4** (17. Jh.) an der Plaza de la Iglesia birgt das Bildnis des Stadtpatrons San Bernabé. Ebenfalls im Zentrum liegt die **Burg 5** aus arabischer Zeit. Das in einem früheren Hospital untergebrachte **Museo del Grabado Español**

Contemporáneo (MGEC) **6**, ein Museum für zeitgenössische spanische Druckgrafik, zeigt u. a. Arbeiten von Picasso, Miró, Dalí, Tàpies (Hospital de Bazán s/n, T 952 76 57 41, www.mgec. es, Di–Fr 10–18, Sa 10–14 Uhr, 3 €, Kinder, Rentner u. Sa Eintritt frei). Reich an blumengeschmückten Bürgerhäusern ist die **Calle Ancha** **7**, die zur Santo-Cristo-Kirche im Barrio Alto hinaufführt.

Pause im Grünen
Von der Altstadt führen der **Parque de la Alameda** **8** und die Avenida del Mar, zum Meer hinunter. Die Skulpturen an diesem Boulevard entstanden nach Entwürfen von Salvador Dalí. Nutzen Sie die hübschen Keramikbänke zum Ausruhen. Botanikfans werden ihre Freude haben an den schönen Grünanlagen des **Parque del Arroyo de la Represa** **9**.

Strandleben pur
Goldfarben sind Strand und Dünen von **Cabopino** (🗺 E 6/7) beim Sporthafen. Wer Freikörperkultur bevorzugt, ist hier richtig. Westlich erstrecken sich 26 km überwiegend feinsandige Buchten bis zur Mündung des Río Guadalmina.

················

SCHLEMMEN, SHOPPEN, SCHLAFEN

················

🏠 In fremden Betten

Kleines Altstadthaus
La Morada más hermosa
In der liebevoll gestalteten Unterkunft fühlt man sich wie auf dem Dorf.
Calle Ancha 12, T 952 92 44 67, www.lamora damashermosa.com | €–€€

················

🍴 Satt & glücklich

Eine der beliebtesten Tapa-Bars, die frischen Fisch zubereitet, ist die **Bar Altamirano** **1** (Pl. de Altamirano 3). Zu den besten *chiringuitos* am Strand gehört **Chiringuito Pepe's Bar Marbal-la** **2** (Av. del Mar s/n, T 682 42 11 73, www. marbal-la.com | €).

In Marbellas Sporthafen Puerto Banús liegen Jachten mit bis zu 70 m Länge.

Faire Preise
Bar California **3**
Fisch, Meeresfrüchte und regionale Weine inmitten von Seemannsdekoration.
Avda. Severo Ochoa 21, Ecke C. Málaga, T 952 86 67 52, Di–So 13–16, 20–24 Uhr, Nov. geschl. | €€

Andalusische Wurzeln
BiBo **4**
Drei Michelinsterne hat sich Küchenchef Dani García bereits mit seinem Konzept der Gegensätze verdient. In der Brasserie BiBo verwirklicht er »die Demokratisierung der Haute Cuisine«.
Bulevar Príncipe Alfonso von Hohenlohe, im Puente Romano Beach Resort, T 951 60 70 11, Mo 20.30–24, Di-Sa 13–16, 19.30–23.30 Uhr | €€

TAVERNEN MIT PATINA

Auf dem Pflichtprogramm stehen in der Altstadt die **Niña de el Pisto** **5** (San Lázaro 2, Mo 20.30–24, Di–Sa 12–16, 20.30–24 Uhr, Nov. geschl.) mit Spezialitäten aus Córdoba sowie **El Bordón** **6** (Pantaleón 4, Di–So 12–24/1 Uhr), dessen Motto Stierkampf und Flamenco heißt. Der Eigentümer Manuel de la Josefa, selbst ein junger Sänger, kommt gern mit seinen Gästen ins Plaudern..

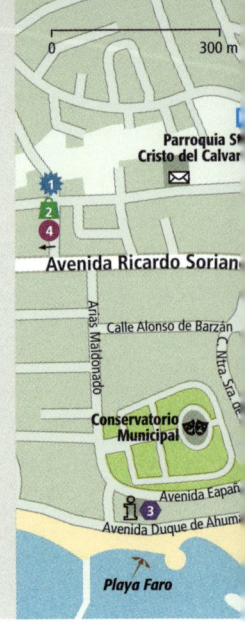

Sehenswert

1. Ermita de Nuestro Señor Santiago
2. Casa del Corregidor
3. Rathaus
4. Iglesia de la Encarnación
5. Burg
6. Museo del Grabado Esp. Contemporáneo
7. Calle Ancha
8. Parque de la Alameda
9. Parque del Arroyo de la Represa

In fremden Betten

1. La Morada más hermosa

Satt & glücklich

1. Bar Altamirano
2. Chiringuito Pepe's Bar Marbal-la
3. Bar California
4. BiBo
5. Niña de el Pisto
6. El Bordón

Stöbern & entdecken

1. Las Albarizas
2. Nueva Andalucía-Puerto Banús

Wenn die Nacht beginnt

1. Olivia Valére

Sport & Aktivitäten

1. Simply Diving
2. Bike Holidays Málaga
3. Biketoursmarbella

Wenn die Nacht beginnt

Die Nacht steht unter dem Motto: sich zeigen! Damit beginnt man in der **Altstadt,** bevor man sich in die Beach-Clubs am Strand oder die In-Bars und Nachtclubs am **Puerto Deportivo** bzw. rund um den **Puerto Banús** begibt.

Arabisch inspiriert
Olivia Valére
Charismatischer Szenetreff, seit den 1980er-Jahren geben sich in der Disco mit Restaurant Stars und Sternchen die Hand.

M MÄRKTE

Ein kleiner Flohmarkt findet jeden Montag am Kirmesplatz in **Las Albarizas** statt. Samstags übt man sich neben der Stierkampf-arena in **Nueva Andalucía-Puerto Banús** im Handeln und Feilschen (jeweils 8–15 Uhr).

Ctra. de Istán, km 0,8, 800 m von der Moschee, T 952 82 88 61, www.oliviavalere.com

---

Sport & Aktivitäten

Tauchen
Simply Diving 1: Puerto Deportivo 52, www.simplydiving.com, T 600 50 65 26, ab 90 €

Fahrradfahren
Räder leihen kann man bei **Bike Holidays Málaga** 2 (Avda. Arias de Velasco 8, T 952 86 18 07, www.bike holidaysmalaga.com, ab 13 €/Tag, auch geführte Touren). Die organisierten Touren von **Biketoursmarbella** 3 starten am Tourismusbüro (T 650 67 70 63, www.biketoursmarbella.com, tgl. ab 10 Uhr, 25/15 € für 3 Std., nur mit Reservierung).

INFOS UND TERMINE

Oficinas de Turismo: Glorieta de la Fontanilla s/n, T 952 76 87 60; Pl. de los Naranjos 1, T 952 76 87 07, www. turismo.marbella.es, Mo–Fr 8/8.30–

20/20.30, Sa, So, Fei 10–17/21 Uhr
Virgen del Carmen: 16. Juli. Boots-prozession von San Pedro de Alcántara nach Puerto Banús

··

IN DER UMGEBUNG

··

Den Füchsen Gute Nacht sagen

Wanderschuhe an und ab in die **Sierra Blanca** (📖 E 6), wo sich traumhafte Blicke aufs Mittelmeer und bis zur Sierra Nevada ergeben. Als Ausgangspunkt bietet sich z. B. das Refugio de Juanar an (Richtung Coín ausgeschildert).

Bei den Mauren vorbeischauen

Der mozarabisch anmutende Ort **Istán** (📖 D 6) ist das Zentrum eines Biosphärenreservats in den Bergen, in dem man herrlich wandern und Rad fahren kann. Kurz vor dem Dorfein-gang hat sich das **Hotel Rural Los Jarales** ein beneidenswertes Fleckchen mit Panoramablick ausgesucht (Cra A-7176, km 14, T 952 11 20 07, www.losjarales.com | €). Traditionell und lecker gekocht wird im **Restaurante Barón** neben der Kirche (Marbella 8, T 952 86 98 66 | €).

Schickeria ahoi!

Auch wenn der Glamour von einst verblasst ist, zählt der Jachthafen **Puerto Banús** (📖 D 6) mit seinen angesagten Strandbars und ca. 1000 Ankerplät-zen noch immer zu den vornehmsten Anlegespots am Mittelmeer. Bereits die Römer hatten die Schönheit der Gegend erkannt, davon zeugen die Ausgrabun-gen der **Villa Romana de Río Verde** (2. Jh.) mit ihren sehenswerten Mosaiken (Carlos Posac Mon s/n, Urb. Río Verde Playa,www.turismo.marbella.es, Fr–So, Fei 10.30–13.30 Uhr, Eintritt frei).

Ausgrabungen in Strandnähe

Zu **San Pedro de Alcántara** (📖 D 7) gehören lange Strände, Golfplätze und Feriensiedlungen. In Guadalmina Baja hat man römische Badestätten aus dem 2. Jh. freigelegt, die **Termas Romanas de Las Bóvedas** (Calle 6A, Do–So, Fei 9–11 Uhr, www.turismo.marbella.es, Eintritt frei). In der Nähe liegen die Ruinen der frühchristlichen **Basílica de Vega del Mar** (6. Jh.) mitsamt ca. 200 Gräbern (Eucalip-tus, Urbanización Linda Vista Playa, www.turismo.marbella.es, Do–So, Fei 11.15–14 Uhr, Eintritt frei).

Ein weißes Bilder-buchdorf – **in den Gassen von Casares**

Hoch oder runter? Das ist hier die Frage. Gassen werden zu Treppen und Häuser türmen sich wie weiße Würfel übereinander in diesem Labyrinth aus maurischen Zeiten. Egal, welchem Zickzack Sie folgen, Hauptsache, am Ende landen Sie zur verdienten Rast auf dem Burgplateau, ganz oben auf der Felsspitze, da wo man sonst nur Adler erwarten würde.

K
KÜNSTLER

Eine Schatzkammer für Kunsthandwerk ist der Laden von Montse: **Entre Arcos** im alten Stadttor (Villa 58, T 630 95 57 44, tgl. 10.30–16 Uhr).

Auf der **Plaza de España** **1**, einem verwinkelten Platz mit der Fuente de Carlos III, einem neoklassizistischen Brunnen aus dem Jahr 1785, konzentriert sich das Dorfleben; von früh bis spät herrscht Betrieb in den umliegenden Bars. Zum **Geburtshaus** **2** von Blas Infante sind es nur ein paar Schritte. Hier informiert ein Museum über Leben und Ideale des »Vaters der andalusischen Heimat«. Der 1885 in Casares geborene Schriftsteller und Politiker Blas Infante besitzt Symbolwert für Andalusier. Bis zu seiner Erschießung 1936 durch die Faschisten setzte er sich für die Unabhängigkeit der Region ein, um das Elend ihrer Bewohner zu mildern. Direkt am Dorfplatz erhebt sich die interessanteste Kirche von Casares: die **Iglesia de San Sebastián** **3**.

Auf dem Burgberg

Vorbei am blumengeschmückten Gässchen Callejón del Rey gelangt man zu den Ruinen der Stadtmauer und der arabischen Festung, die im 13. Jh. über römischen Fundamenten errichtet wurde. Zu jener Zeit war Casares ein wichtiger Stützpunkt an der Strecke von Ronda an die Küste. Man betritt den einst ummauerten Bezirk, der bis heute bewohnt ist, durch die restaurierte **Puerta de la Villa** **4**, ein aus strategischen Gründen verwinkelt angelegtes Stadttor. In zentraler Lage erhebt sich die Antigua Iglesia de la Encarnación, die im 17. Jh. über den Ruinen einer arabischen Moschee des 13. Jh. errichtet wurde. Dem Turm sieht man seine maurischen Ursprünge noch deutlich an. Heute

Ü
ÜBRIGENS

Verlässt man den Festungsbereich durch den mittelalterlichen Torbogen **Arco del Arrabal** **9**, erreicht man eine La Peña genannte Gasse. Hier an der Felskante schweben die Häuser geradezu über dem Abgrund – wie ein Adlerhorst.

beherbergt die Kirche das städtische **Kulturzentrum Blas Infante** 5. Nebenan liegt der **runde Friedhof** 6: Der Besuch dieses stillen Ortes mit seinen weißen Mauernischen lohnt sich schon allein wegen des herrlichen Panoramablicks über die Berge rund um Casares. Im äußersten Norden des Mauerbezirks haben sich neben einem Turm die Ruinen der **Ermita de la Vera Cruz** 7 (16. Jh.) erhalten. Von dort kann man die **Reste der alten Stadtmauer** 8 besteigen, um die Aussicht zu genießen.

INFOS

Casa Natal Blas Infante 2: Carrera 51, Mo–Fr 9–14.30, Sa, So 10–14 Uhr, 2/1 €
Oficinas de Turismo: Casa Natal Blas Infante und Centro Cultural Blas Infante, www.casares.es

---

RUSTIKALER CHARME

Die 15 Zwei- und Dreibett-Zimmer des **Hotels Rural Casares** 1 in der Altstadt punkten alle durch Balkon mit Ausblick (Copera 52, T 952 89 52 11, www.hotelcasares.es | €).

KULINARISCHES FÜR ZWISCHENDRIN

Im freundlichen Restaurant **Sarmiento** 1 tischen die Brüder Miguel und Juan Diego Hernández Sarmiento am liebsten Spezialitäten vom Grill auf. Fast alles, was sie frisch zubereiten, stammt aus den umliegenden Wäldern oder dem Meer jenseits der Hügel. Genauso spektakulär wie der kulinarische Genuss auf dem Teller ist der Blick von der Terrasse auf den gegenüberliegenden weißen Häuserberg von Casares (Ctra. de Casares km 12,5, www.restaurante sarmiento.com, T 952 89 50 35, Mi–So 13.30–16, 19.30–23 Uhr | €).

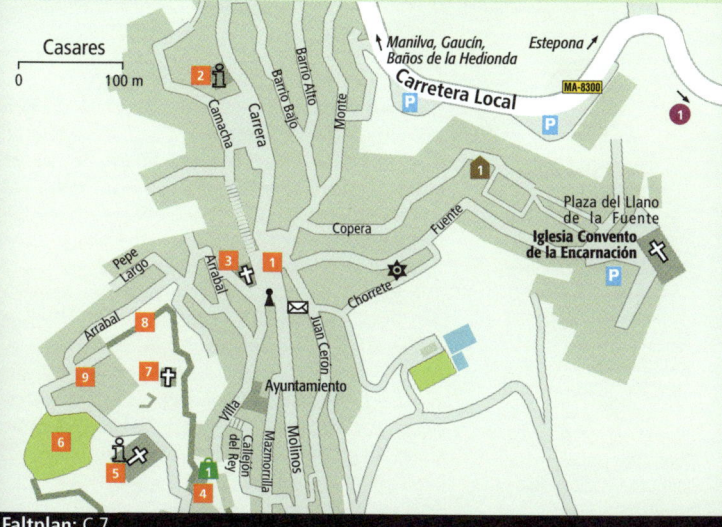

Faltplan: C 7

Großbritannien am Ende der Sonnenküste – **Gibraltar**

Planet der Affen – die wahren Herrscher über diese felsige Halbinsel, die nur eine kleine Landzunge mit dem spanischen Festland verbindet, wundern sich, was all die Menschen hier wollen. Für diese Gibraltarer ist es keine Frage, ob sie Spanier oder Briten sind, wahrscheinlich fühlen die Berberaffen sich nicht mal als Europäer, da ihre Vorfahren aus dem nahen Afrika kamen.

Jedes Jahr strömen mehr als 6 Mio. Besucher in die rund 8 km² große Exklave, die bereits seit Zeiten der Phönizier besiedelt ist. Auch die Römer hinterließen ihre Spuren, doch der aktuelle Name stammt von den Arabern: Der Berberführer Tariq Ibn Ziyad ging hier 711 an Land, seitdem nannte man die Halbinsel Jebel Tarik (Tariks Berg). 1462 gewannen die Christen den Felsenberg zurück, der daraufhin zum spanischen Herrschaftsbereich gehörte, bis ihn 1704 englisch-holländische Truppen eroberten. Im Frieden von Utrecht 1713 wurde Gibraltar dauerhaft dem britischen Königreich zugesprochen.

Der Felsen werde in britischer Hand bleiben, heißt es, solange dort Affen leben.

Die **Great Siege Tunnels** 4 wurden 1779–83 angelegt, als spanische Truppen versuchten, Gibraltar zurückzuerobern. Insgesamt kommen die über Jahrhunderte entstandenen unterirdischen Anlagen auf eine Länge von mehr als 50 km. Mit primitivem Werkzeug, ohne Einsatz größeren Geräts, wurden die Schächte aus dem Fels gehauen.

Cable Car und Upper Rock

Die Kabinenbahn des Cable Car überbrückt einen Höhenunterschied von 412 m in sechs Minuten und bringt Besucher so zum Eingang des **Naturschutzgebiets Upper Rock** 1 auf dem Gipfel des Felsens. Hier beginnen verschiedene ausgeschilderte Spazierwege. Im Süden des Naturparks liegt die **St Michael's Cave** 2, eine spektakuläre Tropfsteinhöhle 300 m über dem Meeresspiegel. Am Wegesrand trifft man auf halbwild lebende Berberaffen, eine schwanzlose Makakenart. Besonders zahlreich sind sie am **Apes' Den** 3, wo sich auch die Mittelstation des Cable Car befindet. Ganz im Norden des Felsens kann man die **Great Siege Tunnels** 4 und die **WWII Tunnels** 5 besichtigen, aus dem 18. Jh. stammende Tunnelanlagen, die z. T. während des Zweiten Welt-

kriegs erweitert wurden. Eine andere Sehens-
würdigkeit hier ist das **Moorish Castle** 6, dessen
Mauern auf das Jahr 1160 zurückgehen.

Von der Main Street zum Europa Point

Die Main Street verbindet den **Casemates Square**
7, den zentralen Treffpunkt der Stadt, mit dem
Convent 8, seit 1728 die Residenz der Statthalter
von Gibraltar. Heute säumen die Hauptschlagader
von Gibraltar unzählige Mode- und Geschenk-
läden, die zum Duty-Free-Einkauf einladen.

Die *llanitos*, wie die
Bewohner des Felsens
sich nennen, haben
sich schon vor Jahren in
einem Referendum für
den Verbleib im United
Kingdom entschieden.

INFOS/ÖFFNUNGSZEITEN

Anreise: Über A-7 und CA-34 nach
La Línea de la Concepción. Man sollte
auf spanischer Seite parken. Über die
Landebahn des Flughafens geht es zu
Fuß ins Stadtzentrum in ca. 15 Min.
Einreise: Mit Personalausweis/Pass. Seit
dem Brexit gehört Gibraltar zum Schen-
gen-Raum, es wird noch verhandelt
über den Wegfall der Kontrollen und
engere Anbindung an die EU.
Geld: In Gibraltar gelten das Gibral-
tar-Pfund und das britische Pfund, es
werden aber auch Euros akzeptiert.
Bus: Linie 5 und 10 fahren von der
Grenze/Flughafen über die Casemates
Square zur Main Street, dort Umstiegs-
möglichkeit, z. B. in Linie 2 zum Europa
Point. Kein Bus zum Upper Rock
Gibraltar Tourist Board: Gibraltar
Heritage Trust, The Main Guard, John
Mackintosh Square 13, T +350 20 04 50
00, www.visitgibraltar.gi, Mo–Fr 9–17.30,
Sa 9.30–15.30, So, Fei 10–13 Uhr
Cable Car: Gran Parade (am Ende
der Main St., kostenloser Shuttle-
service von der Grenze), T +350 20
01 27 00, http://gibraltarinfo.gi, tgl.
9–17.15/19.15 Uhr alle 10–15 Min.
(letzte Abfahrt je 30 Min. vor Schließung), Hin- und Rückfahrt 17 £, Kombiticket mit Upper Rock 30 £, Kinder 5–12
Jahre 18,50 £, April–Sept. kein Halt an
der Mittelstation

Naturschutzgebiet Upper Rock 1:
tgl. 9.30–18/19.15 Uhr, inkl. Besichtigung
von St. Michael's Cave, Apes' Den, Great
Siege Tunnels, Moorish Castle, City Under
Siege, World War II Tunnels 13/8 £

Estepona 🗺 D 7

Der typisch andalusische Küsten-ort (67 000 Einwohner) hat sich in den letzten Jahren mächtig ins Zeug gelegt, seine Altstadt aufzuhübschen, deren Zentrum, die kleine Plaza de Flores, den Namen ›Blumenplatz‹ wirklich verdient hat. Estepona wurde noch nicht komplett vom Tourismus überrollt und wirkt daher authentischer als die weiter östlich gelegenen Feri-enzentren der Costa del Sol.

Gemächlich durch die Altstadt

Bunte Blumentöpfe vor weißen Wänden weisen den Weg, Wandbilder locken in verwinkelte Seitengassen, Kacheln mit Poesie laden zum Träumen ein. Un-terwegs sollten Sie das Stilgemisch der **Iglesia de los Remedios** bewundern. Auch der **Uhrturm** an der Plaza del Reloj aus dem 16. Jh. gehörte ursprüng-lich zu einer Kirche. In der Calle del Castillo stolpert man über die Ruinen des **Kastells San Luis,** das zur selben Zeit zum Schutz des wachsenden Ortes entstand.

Die Nase im Wind

Den **Strand** säumt eine lange, mit Palmen bewachsene Promenade. Sieben Türme, die vor rund 500 Jahren zum Schutz vor Piraten gebaut wurden, bewachen die Küste. Rund um die Häfen haben sich gastronomische Highlights und Freizeitattraktionen angesiedelt.

🍴 Frisch von der Fischbörse
El Pescador

Von der Terrasse schaut man aufs Meer, während exquisite Meerestiere und Reisgerichte auf dem Tisch dampfen. Stilvoll in weiß zeigt sich der Saal.

Paseo Marítimo 1, T 952 80 43 93, www.elpescadorestepona.com, Do–Di 13–16.30, 19.30–24 Uhr, 2 Wochen im Nov. geschl. | €€

ℹ️ Infos & Termine
Oficina de Turismo: Pl. de las Flores s/n, in der Casa de las Tejerinas

(18. Jh.), T 952 80 20 02, https://turismo.estepona.es/, Mo–Fr 9–15 (im Sommer bis 20), Sa 10–14 Uhr

San Isidro: 15. Mai. Ein Landfest mit Prozessionen, bei denen der Heilige mit Unmengen Weizen beworfen wird.

Feria: 1. Juliwochenende. Reiter- und Kutschenumzüge sowie viel Flamenco

IN DER UMGEBUNG

Casares: ▸ S. 44
Gibraltar: ▸ S. 46

Ronda 🗺 D 5

Das Postkartenmotiv schlechthin: der Puente Nuevo von 1793, eine fast 100 m hohe Brücke, die sich über den Tajo spannt, die tiefe Schlucht, die Ronda zweiteilt. Das berühmte Wahrzeichen der 34 000-Einwohner-Stadt ver-bindet die beiden Ortskerne. Auf der einen Seite liegt die alte maurische Stadt, teils noch maueromgeben, auf der anderen die neueren Viertel, ab dem 16. Jh. erbaut. Das Ganze vor der Kulisse einer herrlichen Berglandschaft, einst die Heimat sagenumwobener Wegelagerer.

WAS TUN IN RONDA?

Zwischen Palästen und Brücken

Ronda gehört zu den Vorzeigeorten Andalusiens, stromern Sie einfach los durch die weißen Gassen mit ihren typisch vergitterten Fenstern. Schlichte Behausungen wechseln sich ab mit herrschaftlichen Palästen. Entdecken Sie versteckte Ecken und kleine Geheim-nisse sowie die Unterschiede zwischen den Stadtteilen. Neben der berühmten, wenn auch nicht mehr ganz so ›neuen‹ **Puente Nuevo** spannen sich zwei weitere Brücken über den Abgrund: der **Puente Árabe** aus dem 14. Jh. und der ›alte‹ **Puente Viejo** (17. Jh.).

Einst war die Plaza Duquesa de Parcent der Hauptplatz der maurischen Medina. Heute liegen hier das Rathaus und die Kirche Santa María la Mayor, die nach der Reconquista an der Stelle der ehemaligen Hauptmoschee entstand.

Altstadt auf dem Felsplateau

Die wichtigsten Bauwerke finden sich im maurisch geprägten Viertel La Ciudad, ein bezauberndes Gewirr von Gässchen rund um die Calle Armiñán. Die **Iglesia de Santa María la Mayor** ❶ steht an der Stelle der ehemaligen Hauptmoschee, an die noch ein Hufeisenbogen und Reste der Gebetsnische *(mihrab)* erinnern. Der Innenraum ist im Stil der Gotik und Renaissance gestaltet (www.colegiata ronda.com, Mo, Mi–Sa 10.30–14.30, So 10–12.30, 14–18/20 Uhr, 4,50 €). Ganz in der Nähe beherbergt der Palacio de Mondragón das **Museo de Ronda** ❷. Das kleine Stadtmuseum gibt in diesem sehenswerten hispano-arabischen Palast (14. Jh.) einen Einblick in die lokale Geschichte (Pl. de Mondragón, T 952 87 08 18, www.museoderonda.es, Mo–Fr 10–18/19, Sa, So, Fei 10–15 Uhr, 4/3 €, unter 14 Jahren und Mi Eintritt frei). Im Palacio de Moctezuma zeigt das **Museo Unicaja Joaquín Peinado** ❸ Zeichnungen und Ölgemälde dieses lokalen Malers (Pl. del Gigante, www. museojoaquinpeinado.com, Sept.–Juni Mo–Fr 10–17, Sa 10–15, Juli Mo–Sa 10–15 Uhr, Aug. geschl., 4/2 €, unter 14

Jahren und Di ab 15 Uhr Eintritt frei). Das kuriose **Museo del Bandolero** ❹ erzählt Geschichten aus der sagenumwobenen Banditenwelt Andalusiens (Armiñán 65, T 952 87 77 85, www.mu seobandolero.com, tgl. 11–19/20 Uhr, 3,75/2,80 €).

BERÜHMTE GÄSTE

Nicht wenige begeisterte Besucher verewigten Ronda in ihren Werken und manchen schenkte die Stadt zum Dank eine Straße. So trifft man hinter der Plaza de Toros auf den **Camino de Orson Welles** und den **Camino de Ernest Hemingway,** beide wahre *aficionados* des Stierkampfs. Der Filmemacher Welles ließ sogar seine Asche in Ronda verstreuen, auf dem Anwesen von Antonio Ordóñez. Auch nach dem japanischen Videospiel-Designer **Kazunori Yamauchi** wurde ein Weg benannt – an der Schlucht, die in seiner realistischen Rennsimulation »Gran Turismo« auftaucht.

Sehenswert

1 Iglesia de Santa María la Mayor
2 Museo de Ronda
3 Museo Unicaja Joaquín Peinado
4 Museo del Bandolero
5 Baños Árabes
6 Puertas de Carlos V y de Almocábar
7 Kloster San Francisco
8 Iglesia de Nuestro Padre Jesús
9 Jardines de Cuenca
10 Centro de Interpretación del Puente Nuevo
11 Plaza de Toros
12 Plaza de María Auxiliadora
13 Puerta de los Molinos
14 Alte Mühlen
15 Elektrizitätswerk
16 Asa de la Caldera
17 Puerto de las Muelas
18 Bodega Los Descalzos
19 Alameda del Tajo

In fremden Betten

1 Parador de Turismo de Ronda
2 Hotel Cueva del Gato
3 Albergue Los Molinos

Satt & glücklich

1 Tragatá
2 Bar La Bodega
3 El Lechuguita
4 Churrería Alba

Stöbern & entdecken

1 La tienda de Trinidad
2 El Mercado
3 ArtesamArt

Sport & Aktivitäten

1 Aguas de Ronda
2 Pangea Active Nature
3 Cycleronda

Baden gestern und heute

Durch das Stadttor Puerta de la Xijara und den Hügel hinunter gelangt man zu den **Baños Árabes** 5 unweit des Puente Árabe. Die Bäder aus dem 13. Jh. zählen zu den besterhaltenen maurischen Thermen in ganz Andalusien (Do–Sa 10–18, So, Fei 10–15 Uhr, 4,50 €). Nebenan kann man im **Aguas de Ronda** 1 im Hammam-Stil baden (http://hammamaguasderonda.com, tgl. 10–22 Uhr, ab 20 €).

Tante Emma treffen

Verlässt man den Mauerring der Altstadt Richtung Süden durch das gewaltige Tor der **Puertas de Carlos V y de Almocábar** 6, ebbt der Touristenstrom ab und man kommt in ein volkstümlicheres Viertel, benannt nach dem **Kloster San Francisco** 7. Sehenswert ist dessen Granitportal im platteresken Stil des 16. Jh. In den umliegenden Gassen trifft sich die Nachbarschaft in der Bar um die Ecke oder in der **Tienda de Trinidad** 1, einem Kaufmannsladen, in dem die Zeit stehengeblieben ist.

Von Aladin zu Aldi

Über die Puente Viejo, über die man auf die **Iglesia de Nuestro Padre Jesús** 8 zusteuert, geht es in ein weiteres Viertel, das mit seinen steilen Treppenwegen und alten Brunnen, dazwischen kleine Hotels und verwunschene Paläste, einem Märchenbuch entsprungen scheint. Direkt über der Schlucht liegen die romantischen Gärten der **Jardines de Cuenca** 9. Aber auch nach El Mercadillo ist es nicht weit. Dieser neuere Teil Rondas mit modernen Fußgängerzonen voller Tavernen und Geschäfte wurde mit gradlinigem Straßenverlauf rund um die Markthallen **El Mercado** 2 angelegt.

Innehalten am Abgrund

Im Westen der Stadt eröffnen sich die spektakulärsten Blicke in den **Tajo** des Río Guadalevín (► S. 54). Unterhalb der Neuen Brücke dokumentiert das **Centro de Interpretación del Puente Nuevo** 10 die Geschichte dieses einzigartigen Bauwerks (Pl. de España s/n,

FAHNE

1918 fand in Ronda die erste Versammlung der **andalusischen Unabhängigkeitsbewegung** statt, dabei setzte sich der Vorschlag des Historikers Blas Infante (► S. 44), für eine eigene Flagge durch: Grün-weiß-grün waagerecht gestreift, in der Mitte Herkules mit zwei Löwen, gerahmt von Säulen, die auf die Meerenge von Gibraltar anspielen.

Do–Sa 10–18, So, Fei 10–15 Uhr, 2,50 €).
Ein barockes Portal führt in Rondas
Stierkampfarena, die **Plaza de Toros** 11.
Die wohl älteste Arena des Landes wurde
1785 durch Pedro Romero eingeweiht
(Virgen de la Paz 15, T 952 87 15 39,
www.rmcr.org, tgl. 10–18/20 Uhr, 8 €,
mit Audioguide 9,50 €). Die Grünanlagen
neben dem **Parador de Turismo de
Ronda** bilden den perfekten Rahmen
für eine Pause mit Panorama.

······································

SCHLEMMEN, SHOPPEN, SCHLAFEN

······································

🏠 In fremden Betten

Grandiose Lage
Parador de Turismo de Ronda
Stilvolles Hotel hinter den Fassaden des
ehemaligen Rathauses und der alten
Markthalle, mit Blick in die Schlucht.
Pl. de España, T 952 87 75 00, www.parador.
es | €€–€€€

Ländlicher Luxus
Hotel Cueva del Gato
Das ruhige Bio-Hotel in der Nähe der
Pileta-Höhle (▶ S. 53) setzt auf Abfall-
Recycling. Neben den hübschen sieben
Zimmern überzeugt das Haus mit dem
von Miguel Herrera geleiteten Restaurant.
Ctra. Ronda km 3,5, Benaojan, (14 km von
Ronda, T 744 61 18 32, www.hotelcuevadel
gato.com | €€–€€€

······································

🍴 Satt & glücklich

Fusion-Food
Tragatá ❶
Ein Klassiker der modernen Tapa-Kultur.
Der Küchenchef Benito Gómez betreibt
auch das Restaurant El Bardal neben
dem Parador (José Aparicio 1).
Nueva 4, T 952 87 72 09, www.tragata.com, tgl.
13.15–15.45, 20–23 Uhr | €

Abseits des touristischen Trubels
Bar La Bodega ❷
Auf dem begrünten Platz sitzt man schat-
tig, bewundert die Stadtmauer und ordert

nach der Tapa noch eine *ración,* weil's
lecker schmeckt und so günstig ist.
Pl. Ruedo Alameda 32, tgl. 9/10–24 Uhr, T 952
22 56 11 | €

Vielfalt nonstop
El Lechuguita ❸
Die fleischgewordene Seele der Tapakul-
tur. Hier werden Wünsche wahr – wenn
man sie schriftlich an der Theke einreicht.
Remedios 35, Mo–Sa 13–15.15, 20.15–
23.30 Uhr | €

Wie wäre es mit einem typisch
andalusischen Start in den Tag in der
Churrería Alba ❹ mit *churros con
chocolate?* Das Traditonscafé serviert
aber nicht nur Spritzkuchen mit
Kakao, sondern auch Sandwich mit
Serrano-Schinken etc. (Carrera Espinel
44, tgl. 8–15 Uhr, *churros* bis 13 Uhr).

······································

🔍 Stöbern & entdecken

Sozialer Treffpunkt
La tienda de Trinidad ❶
Trinidads Enkel Miguel wiegt nicht
nur das Gemüse ab, sondern serviert
zum Käse auch ein Gläschen Wein am
Stehtisch in der Ecke.
San Francisco 11, Mo–Fr 10–18/19, Sa meist
10–17, So, Fei 10–14.30 Uhr

Frische Vielfalt
Markthalle (El Mercado) ❷
Neben Gemüse und Obst natürlich auch
Brot, Käse, Fleisch und Fisch.
Jaén, Mo–Sa 8–15 Uhr

Unikate
ArtesamArt ❸
Kunsthandwerk der sympathischen
Art, auf drei Etagen in einem typischen
Altstadthaus.
Armiñán 14, www.artesamart.com,
tgl. 10.30/11–20/21.30 Uhr

Sport & Aktivitäten

Aktivtourismus
Pangea Active Nature ❷
Klettertouren, Kanufahrten, Tauchen, Heißluftballon etc.
Posada de las Ánimas 5, T 630 56 27 05, www.pangeacentral.com, tgl. 10–13.30, 16–19.30 Uhr

Fahrradverleih
Cycleronda ❸
Auch Mountainbikes und E-Bikes.
Juan José de Puya 21, T 654 86 99 46, www.cycleronda.com, Mo–Fr 9.30–14, 17–19 Uhr, im Winter seltener, ab 30 €/Tag (mind. 3 Tage), nur mit Reservierung

INFOS UND TERMINE

Oficina de Turismo: Infos über Ronda und ganz Andalusien, Paseo Blas Infante s/n, T 952 18 71 19, www.turismoderonda.es, Mo–Fr 10–18.30, Sa 10–14, 15–17, So, Fei 10–14.30 Uhr
Feria de Mayo: 2. Mai-Hälfte. Buntes Stadtfest mit Viehmarkt (http://ronda-romantica.es)
Festival del Cante Grande: Ende Aug. Flamenco-Gesangsfestival
Fiestas de Pedro Romero: Anfang Sept. Zur Erinnerung an den Stierkämpfer werden *corridas* in Trachten der Zeit Goyas (um 1800) veranstaltet.

IN DER UMGEBUNG

Prähistorische Höhle
Die weiträumige **Cueva de la Pileta** (🗺 C 5) beherbergt bis zu 25 000 Jahre alte Felszeichnungen (an der A-374 ca. 22 km von Ronda, T 677 61 05 00, www.cuevadelapileta.es, wechselnde Zeiten, 10 €, nur mit Reservierung und Führung

Wilde Tiere und weiße Häuser
Das Biosphärenreservat **Sierra de Grazalema** (🗺 B/C 5/6), ein regenreiches, grünes Gelände, ist die Heimat von Greifvögeln, Bergziegen und Rehen.

Hier sowie in Richtung Serranía de Ronda und Naturpark Los Alcornocales verstecken sich idyllische weiße Dörfer, die ihr maurisches Erbe nicht verhehlen.

Römische Ruinen und weißes Dorf
In **Ronda la Vieja/Acinipo** (🗺 C 5) wurden Teile des antiken Theaters wiederaufgebaut (21 km von Ronda, wechselnde Öffnungszeiten, T 951 04 14 52). Folgt man der Landstraße taucht nach ca. 10 km **Setenil de las Bodegas** auf.

Wanderziel
Der **Nationalpark Sierra de las Nieves** (🗺 D/E 5/6) mit dem Pinsapar-Wald und dem Torrecilla (1918 m) lädt zu ausgiebigen Exkursionen ein (www.sierranieves.com). Ein guter Ausgangspunkt ist bei km 136 an der A-376 der **Campingplatz Conejeras** (T 619 18 00 12, www.parauta.es, Juli–Sept. geschl.), wo auch geführte Wanderungen starten.

Wanderschuhe geschnürt und los geht es! Die Gebirge rund um Ronda sind einfach großartig.

7

Zum Grund der Schlucht – **der Tajo von Ronda**

Die meisten bleiben brav oben, aber wer sich auf den Abgrund einlässt, erlebt den Kontrast zwischen Natur- und Zivilisationskräften hautnah. Die Macht des Flusses Río Guadalevín schuf einst diese gewaltige Schlucht, die Araber ließen die Fluten ihre Mühlräder antreiben, heute nutzt ein Wasserkraftwerk die Power zur Stromversorgung.

Los geht's in der Altstadt an der belebten **Plaza de María Auxiliadora** 12, auch Plaza del Campillo genannt. An der offenen Platzseite befindet sich ein Aussichtspunkt, ein *mirador,* links davon schlängelt sich die Cuesta del Cachondeo recht steil bergab. Als erster Stopp, um das Panorama von Schlucht und Puente Nuevo zu genießen, bietet sich der an den Ruinen eines Hauses rechts abzweigende Pfad an. Er führt hinunter zum Fundament der 1793 vollendeten, 98 m hohen Brücke (Achtung, bei Hochwasser nicht begehbar!).

Die Mühlen am Fluss

Zurück auf dem Hauptweg und dort immer die rechte Abzweigung wählend, erreichen Sie Reste der mittelalterlichen Stadtmauer und die maurische Pforte **Puerta de los Molinos** 13: ein weiterer Fotospot. Vielleicht lässt sich vor der Kulisse des Wasserfalls sogar ein Mauersegler oder ein Wanderfalke verewigen. Ein Abstecher bringt Sie durch den auch Arco del Cristo genannten Bogen in steilem Zickzack zu dem, was das Erdbeben von 1917 von diesen **alten Mühlen** 14 übrig ließ.

Der eigentlichen Tour folgend führt ein sich bergab schlängelnder Pfad durch die Öffnung in der Stadtmauer zu einem kleinen **Elektrizitätswerk** 15 (Salto de Ronda) am Wasser. Auf der anderen Flussseite sieht man in den Felsen ein eigenartiges Loch, wegen der Form **Asa de la Caldera** 16 (Topfhenkel) genannt. Wenn der Wasserstand es erlaubt und Sie die Route abkürzen

---

Ü
ÜBRIGENS

Lassen Sie sich gern vom Rauschen des Wassers in den Schlaf singen? Dann werden Sie glücklich in der **Albergue Los Molinos** 3. Die alte Mühle mit traumhaftem Blick auf den Puente Nuevo wurde in eine einfache Herberge samt Restaurant umgebaut (Carretera de los Molinos s/n, rechts ab von unserer Route vor dem Abzweig zum Elektrizitätswerk, T 630 63 96 93, www.albergue losmolinos.com, Vier- bis Sechsbettzimmer, 15 € pro Pers.).

Die Fundamente der Puente Nuevo reichen bis tief in den Tajo hinein.

INFOS
Eine Beschreibung der 4,6 km langen Strecke (Route SL-A 38 Ronda–Molinos del Tajo, Dauer ca. 2 Std. 30 Min.) ist beim Touristenbüro oder unter www.turismoderonda.es erhältlich. Die Wanderung ist nicht schwierig, doch der Abstecher zu den alten Mühlen erfordert gutes Schuhwerk. Proviant und Wasser unbedingt mitführen, da es unterwegs keine Einkehrmöglichkeit gibt.

möchten, können Sie hier durch eine steinige Furt den Fluss queren und in die Stadt zurückkehren.

Olivenbäume und Weinreben

Vor dem Elektrizitätswerk geht es links auf dem geteerten Weg weiter, der zu einer Brücke über den Guadalevín führt. Dahinter öffnet sich die Ebene mit Gemüse- und Obstkulturen. Leicht bergauf durch ein Areal mit Gärten und Obstbäumen laufend sieht man linker Hand in der Ferne einen Pinienhain mit der mozarabischen Kapelle Santuario de Santa María de la Cabeza. Am **Puerto de las Muelas** 17 treffen mehrere Wanderrouten aufeinander, der Weg nach Ronda ist klar beschildert (noch ca. 2 km).

Pinien und Macchia säumen den leicht ansteigenden Weg, rechts erheben sich die Felsen, auf denen die Stadt liegt. Hinter den Umfassungsmauern der Weinkellerei **Bodega Los Descalzos** 18 eröffnen sich nochmals Panoramaaussichten über das Gelände. Dann wird Ronda im Viertel Doctor Vázquez erreicht. Man halte sich immer rechts, um wieder ins Zentrum zu gelangen und um vielleicht in den Grünanlagen der **Alameda del Tajo** 19 – mit umwerfendem Blick – auszuruhen.

Die östliche Costa del Sol

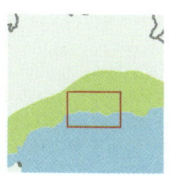

Ob es am Sonnenlicht liegt, dass die Farben hier mehr knallen? Blüten im Spektrum des Regenbogens leuchten vor weißgekalkten Häusern. Die hängen dramatisch über der Steilküste – wie in Nerja – oder klammern sich in der Axarquía auf Bergkuppen fest. Mango, Cherimoya, Litschis, Kumquat – das Aroma exotischer Früchte ist Alltag an der Costa Tropical. Im bananenstrohgedeckten Chiringuito wird Feriengefühl angeknipst: frischer Fisch, Sommermusik, blauer Himmel. Nur echte Andalusier freuen sich, wenn eine Regenwolke die Sonne verdunkelt.

Einkaufen ist immer auch eine gesellige Angelegenheit: Ein bisschen Small Talk hält die Dorfgemeinschaft zusammen.

Vélez-Málaga 🗺 H 5

Der Ort 4 km landeinwärts von der Küste wird von den Resten einer arabischen Burg überragt. Ein Bummel lohnt besonders durch die Viertel San Sebastián unterhalb der Alcazaba, El Ensanche um die Plaza de España und im Barrio de la Villa bei der Iglesia de Santa María la Mayor aus dem 15. Jh.

BERÜHMTE PHILOSOPHIN

María Zambrano, 1904 in Vélez-Málaga geboren und 1991 in Madrid gestorben, gehört zu den großen Köpfen des 20. Jh. in Spanien. Als Philosophin, Professorin und Schriftstellerin setzte sie sich intensiv mit den Themen ihrer Zeit auseinander. Nach dem Sieg des Faschismus im Spanischen Bürgerkrieg verbrachte sie den größten Teil ihres Lebens im Exil. Ihr Vermächtnis können Sie in der **Fundación María Zambrano** im Palacio Marqués de Beniel (17. Jh.) besichtigen (Pl. Beniel 1, T 952 50 02 44, www.fundacionmariazam brano.org, Mo–Fr 9–14 Uhr).

Strand, so lang die Füße tragen

Der zur Gemeinde Vélez-Málaga gehörende kleine Küstenort **Torre del Mar** ist nicht speziell interessant, aber bei Sonnenuntergang scheinen alle Bewohner auf der beliebten Meerespromenade spazieren zu gehen.

🏠 Dachterrasse mit Pool
Hotel Palacio Blanco
Die weiße Stadtvilla aus dem 18. Jh. beherbergt ein Boutique-Hotel unter charmanter Leitung. Ihre neun Zimmer liegen rund um den zentralen Innenhof. Félix Lomas 4, T 952 54 91 74, www.palacio blanco.com | €€

🍴 Zum Essen an die Küste
Der Strandort Torre del Mar ist für seine Tapa-Bars mit guter Fischküche berühmt: z. B. **Fernando** (Del Mar 71, T 952 54 21 74, Mo geschl. | €) oder **La Cueva** (Paseo de Larios 12, T 952 54 40 34, www.freidurialacueva.es, Mo geschl. außer im Sommer | €). In der Pizzeria **La Sorrentina** (Paseo Marítimo de Poniente 69, T 952 15 80 91 | €) schmeckt auch das Fleisch vom Grill hervorragend.

ℹ Infos
Oficina de Turismo: Casa Recreo, Poniente 2, Torre del Mar, T 952 54 11 04, https://turismo.velezmalaga.es, Mo–Sa 10–14, 16/17–20/21, So, Fei 10–14 Uhr

---

IN DER UMGEBUNG

Leben nach anderen Regeln
In der zerklüfteten Bergregion **Alta Axarquía** (🗺 G 4/5) zwischen den Naturparks Montes de Málaga und den Bergen von Tejeda, Almijara und Alhama verstecken sich unterhalb der bis auf 1500 m aufragenden Gipfel kleine Dörfer wie **Villanueva de Cauche, Villanueva del Rosario** oder **Villanueva del Trabuco,** die komplett anders ticken als die Touristenzentren an der Küste. Auf den serpentinenreichen kleinen Landstraßen kommt man nur langsam voran, aber umso befriedigender ist diese Art zu reisen. Auch in **Colmenar** und

Riogordo basiert der Lebensunterhalt noch hauptsächlich auf Landwirtschaft und Viehzucht. **Comares** genießt den Ruf, der ›Balkon der Axarquía‹ zu sein, das Dorf sieht tatsächlich aus, als hänge es an Felsen, und bietet so den perfekten Ausguck über Meer und Berge. Ein Spaziergang durch das Auf und Ab der Gassen lohnt ebenso wie ein Besuch des ungewöhnlichen weißen Friedhofs. Bei **Alfarnate** findet sich ein authentisches Erinnerungsstück an den *bandolerismo* vergangener Jahrhunderte: die **Antigua Venta** aus dem Jahr 1690, heute Restaurant und Museum zugleich. Mal diente die Venta den Banditen als Zuflucht, mal war sie Ort ihrer Gefangennahme. Die Leibspeise des Kochs sind *huevos a lo bestia,* ein sehr sättigendes und für die Region typisches Gericht aus Eiern und Wurst (Antigua Ctra. Málaga-Granada Km 513, T 952 75 91 16 | €).

Torrox 🗺 J 5

Mit seinen steilen Gassen und weiß getünchten Häusern ist Torrox der Inbegriff des andalusischen Dorfs. Im Ortskern verbinden verwinkelte Sträßchen mit adrett renovierten alten Häusern die beiden Kirchen aus dem 16. Jh. Aus derselben Zeit stammt der Konvent Nuestra Señora de las Nieves samt seiner interessanten Täfelung im Mudejarstil.

Küstenableger
Der vier Kilometer entfernt am Meer entstandene Ort **Torrox Costa** besitzt gut neun Kilometer Strand.

Rundherum
Von Torrox aus kann man sich auf die Rundfahrt durch die **Axarquía** begeben (▶ S. 60).

🍴 Fisch vom Feinsten
La Restinga Beach
Halb Strandbar, halb Restaurant, auf alle Fälle hoher Charmefaktor an

---

GEMEINSAM FEIERN

Nach der Olivenernte veranstalten die auf ihr goldfarbenes, mild-süßes Öl so stolzen Bewohner von **Periana** die *Fiesta del Aceite Verdial* (April). So dreht sich bei vielen Festen, die auf dem Land noch ganz traditionell begangen werden, alles um ein regionales Produkt, aber eigentlich stehen die Gemeinschaft und das Miteinanderteilen im Mittelpunkt. Bei der *Fiesta de las Migas* (So vor Weihnachten) ist in **Torrox** jeder eingeladen, wenn in riesigen Pfannen Brotkrumen mit Öl, Salz und Knoblauch geröstet werden. In **Canillas de Aceituno** werden die Gäste mit Blutwurst samt Brot und Landwein beschenkt (letzter So im April). Zu *San Isidro* (15. Mai) feiert man in **Periana** und **Comares** die Weizenernte mit einer gigantischen Paella. Reichlich Rebsaft fließt in **Cómpeta,** wenn zum Weinfest geladen ist (15./16. Aug.). Auch bei der *Fiesta de los Viñeros* (2. So im Sept.) in **Moclinejo** lässt man alle hochleben, die bei der Weinlese mitgeholfen haben. In **Almachar** werden die lokalen Trauben zur *ajoblanco* genannten kalten Mandelsuppe serviert (1. Wochenende im Sept.) und in **El Borge** gibt am *Día de la Pasa* die Weinbeere Anlass zum Ausgelassensein (3. So im Sept.).

---

einer kleinen Bucht. Leckere Paella, Meeresfrüchte jeder Art, gesunde Salatkreationen, guter Wein – Sie haben die Wahl.
Ctra. N-340, km 288,5, Playa de Vílchez, Richtung Nerja, T 952 52 86 60, tgl. 12–23 (Nov.–Febr. bis 18) Uhr, Mitte Jan.–Mitte Febr. u. im Winter Mi geschl. | €–€€

🛈 Infos
Oficina de Turismo: Avda. de Andalucía 7, T 952 53 02 25, www.turismotorrox.com, Mo–Fr 9–14, Sa

Weiße Dörfer, wilde Berge – **Rundfahrt durch die Axarquía**

Hilfe! Wo bin ich hier gelandet? Irgendwann schießt Ihnen das garantiert durch den Kopf: immer schmaler werdende Serpentinensträßchen, von denen der Blick gerade noch das Meer erspäht, weiße Häuserhaufen in ungewöhnlicher Gebirgslage und diese Abgeschiedenheit, in der die Uhren wirklich anders ticken …

INFOS
Anfahrt: Bei Torrox fährt man von der A-7 auf die A-7207 ab, Schildern nach Cómpeta folgen.

KULINARISCHES FÜR ZWISCHENDRIN
In der **Venta el Curro** ❶ erhält die Bergküche einen argentinischen Einschlag (Crta. Corumbela s/n, Archez, T 678 61 81 19, http://ventael-curro.es, Mi–Mo 13–16, 19.30–23 Uhr | €). Zicklein ist die Spezialität im **Bodegón de Juan María** ❷ (Placeta 6, Canillas de Aceituno, T 952 51 80 41, Di–So 12–16, 18–23 Uhr | €).

WOHNEN AM STAUSEE
Das Boutique-Hotel **La Viñuela** ❶ mutet wie ein eigenes Dorf an (am Embalse de la Viñuela, an der C-335, T 952 51 91 93, www.hotelvinu ela.com | €€).

Ein guter Ausgangspunkt einer Tour durch die Axarquía ist **Cómpeta** ❶. In das weiß in die Falten der Sierra de Tejeda gebettete Dorf zieht es an Wochenenden viele Ausflügler zur Weinprobe in den Bars und zum Einkauf in den Bodegas. Einen Abstecher wert ist das 2,5 km entfernte **Canillas de Albaida** ❷, in dem die Straße endet. Die Kirche Nuestra Señora de la Expectación stammt noch aus maurischer Zeit (11./12. Jh.).

Minarette zu Kirchtürmen

Von Cómpeta nach **Archez** ❸ ist es nur ein Katzensprung (3 km) – aber auf einer kurvenreichen Bergstraße, von der sich faszinierende Landschaftspanoramen eröffnen. Zentrum des 400-Einwohner-Nests ist das ehemalige Minarett aus dem 13. Jh., das zum Kirchturm der weiß getünchten Nuestra Señora de la Encarnación umfunktioniert wurde – wie in den meisten Dörfern der Gegend. Der Weg steigt nun fast 7 km lang an bis nach **Salares** ❹, ein winziger Ort mit 350 Einwohnern, der schon von den Römern gegründet wurde.

Sedella ❺, ein weiteres weißes Dorf, das sich vom Grün der Weinfelder abhebt, erlaubt einen großartigen Blick über das fruchtbare Hügelland. 7 km sind es von hier bis **Canillas de Aceituno** ❻. Am Weg liegen Anbauflächen für Oliven, Wein und Mandeln. Auf dem höchsten Punkt des Dorfs steht blumengeschmückt die mudejar-gotische Kirche (16. Jh.) an der Stelle einer Moschee. Ein spektakulärer Wanderweg führt durch die nahe Almanchares-Schlucht zur Hängebrücke El Saltillo.

Im Land der Oliven

Es geht weiter Richtung Vélez-Málaga, bis Sie auf die Straße nach **Viñuela** `7` treffen. In Ortsnähe liegt einer der zahlreichen Stauseen Andalusiens, der **Embalse de la Viñuela** `8`. Folgen Sie nun der A-7204 nach **Periana** `9` und **Mondrón** `10`. Diese beiden Dörfer gelten in der Provinz Málaga als ›Wiegen‹ der Olivenproduktion, die bereits in römischer Zeit von Bedeutung war. In den örtlichen Landwirtschaftskooperativen können Sie sich mit Olivenöl eindecken. Am Río Guaro verstecken sich 2,5 km hinter Periana die restaurierten Überreste arabischer Badeanlagen, in denen man im 21 °C warmen, schwefelhaltigen Flusswasser baden kann. Im 18. und 19. Jh. gehörte der **Baños de Vilo** `11` genannte Ort zu den bekanntesten Kurorten Andalusiens.

Hinter Mondrón führt ein Abzweig durch eine abwechslungsreiche Berglandschaft entlang der Schlucht des Río Sábar, dessen Bett voller Oleander steht, ins kleine Dorf **Alfarnatejo** `12`. Ringsum erheben sich die Gipfel bis über 1600 m.

O
OLIVEN

Schon mal einen tausend Jahre alten Baum umarmt? Die **Cooperativa San Isidro** 🛈 verkauft nicht nur Olivenöl, sondern bietet auch Touren zu uralten Olivenhainen an (Carrascal 5, nahe der Kirche, Periana, T 952 53 60 20, www.aceiteperiana.es, Laden: Mo–Fr 10–14, 17–19, Sa 10–14 Uhr, Tour: letzter Sa im Monat, Dauer ca. 2 Std.).

Faltplan: G–J 4/5

Sayalonga (◫ H 5), ein kleiner Ort im Landesinneren zwischen Torrox und Vélez, ist berühmt für seinen runden Friedhof. Doch in Wirklichkeit bilden dessen weiße Mauern ein Achteck und wenn man sich zwischen den Nischen der 1840 angelegten Stätte genauer umschaut, erkennt man zahlreiche Symbole wie Säulen, Dreiecke, dreistufige Aufgänge oder Pyramidenstümpfe. Zusammengenommen eine Menge Hinweise, dass die Freimaurerloge hier aktiv war.

9–13 Uhr, Flyer mit Themenrouten in der Umgebung vor Ort erhältlich

Nerja ◫ J 5

Im Jahr 1959 brach in der Geschichte Nerjas eine neue Zeitrechnung an. Kinder entdeckten beim Spielen eine Tropfsteinhöhle, die als Cueva de Nerja (▸ S. 64) bald Tausende von Besuchern anziehen sollte. Das beschauliche Fischerdorf verwandelte sich im Lauf der Zeit in eine Hochburg des Tourismus.

Europas Balkon
Zur Hochsaison kann es passieren, dass man Schlange steht, um einen Platz zu ergattern auf der mit Bänken bestückten Felsnase, die als **Balcón de Europa** berühmt geworden ist. Ein Name, der – wie das Rauschen des Meeres hier – zum Träumen einlädt über eine grenzenlose Welt.

Digitaler Segen
Anklänge an das alte Nerja finden sich im weiß getünchten Ortskern rund um die **Iglesia de El Salvador,** die im 17. Jh. barock ausgestaltet wurde.

Doch auch in der Kirche ist die Zeit nicht stehen geblieben: Der Pfarrer nutzt mittlerweile sein iPad, um die Messe zu lesen, die die Gläubigen auf großen LED-Bildschirmen an den Säulen mitverfolgen können.

🏠 Begrünter Innenhof
Carabeo
Dieses vergleichsweise ruhig gelegene Boutique-Hotel mit Meerblick beweist Gespür fürs Detail. Im exzellenten **Restaurant 34** sowie in der **Tapas Bar 34** stammen Obst und Gemüse aus eigenem Bio-Anbau, die Speisekarte wechselt täglich (Di–So 13.30–15.30, 19–24 Uhr, reservieren! | €€).
Hernando de Carabeo 34, T 952 52 54 44, www.hotelcarabeo.com, Nov.–März geschl. | €–€€

🍺 Beliebte Tapa-Bar
Bar Dolores (El Chispa)
Traditionsreiche Dorfschänke, in der sich die Einheimischen gerne treffen, um eine Portion Fisch oder Meeresfrüchte zu teilen.
San Pedro 12, T 952 52 36 97, Di–So 11–23 Uhr | €

🍺 Kreative Meeresküche
Mó Gastrotapas
Gourmet-Tapas, Spießchen oder ganze Menüs bereitet die Crew um die Köchin Montserrat mit Hingabe zu. Gute Weinauswahl.
Andalucía 27, T 952 52 00 32, Mi–Mo 13–23 Uhr | €

🌀 Ab durchs Flussbett!
Wenn nicht gerade Hochwasser herrscht, kann man – mit wassertauglichen Schuhen – den **Río Chíllar** von Nerja aus hinauflaufen, durch Felsspalten, sogenannte *cahorros,* hindurch, an Wasserfällen vorbei – eine wunderschöne Tour (ca. 8 km, www.wandern-in-andalusien.de).

❶ Infos
Oficina de Turismo: Carmen 1 (im Rathaus), T 952 52 15 31, www.nerja.es, Mo–Sa 10–14 Uhr, im Sommer länger

Wenn es Ihnen an den Stränden von Nerja zu heiß wird, sollten Sie eine erfrischende Wanderung durch den Río Chillar machen. Mitten durch den Fluss und seine natürlichen Planschbecken: ein familientauglicher Ausflug mit leichtem Nervenkitzel.

Busse: Haltestelle an der Avda. Pescia, www.alsa.es

Maro 🗺 J 5

Das von Feldern umgebene Bauerndorf 4 km östlich von Nerja hat sich den Charme früherer Zeiten bewahrt. Seit dem 16. Jh. lebt es vom Zuckerrohranbau, Überreste einer alten Zuckerfabrik sind noch zu sehen.

Schöne Natur

Einige Pensionen und Hotels sowie kleine Restaurants beleben den beschaulichen Ort, dessen Mittelpunkt die Iglesia de las Maravillas aus dem 17. Jh. bildet. Doch die eigentlichen Anziehungspunkte sind die versteckten Strandbuchten in der Steilküste von **Maro-Cerro Gordo** (▶ S. 68) und die **Sierra de Almijara** mit ihren zahlreichen Karsthöhlen. Besonders berühmt ist hier die **Cueva de Nerja** (▶ S. 64).

⌂ Aussichtsreich
Casa Maro
Gemütliches Hotel mit mediterranem Ambiente, einige Zimmer mit Meerblick. Kleiner Pool und Bio-Obstplantage.
Maravillas s/n, T 627 95 84 56, www.hotel-casa-maro.com | €–€€

BLAUER SOMMER

In Spanien ist sie Kult, die Familienserie »Verano Azul«, die Ende der 1970er-Jahre in der Gegend von Nerja gedreht wurde (zu sehen auf www.rtve.es). Eine Straße im Ort ist nach Antonio Ferrandis benannt, dem Darsteller des Chanquete, eines alten Fischers, der in einem gestrandeten Boot lebt. *Chanquetes* sind übrigens winzig kleine Fische, deren Fang mittlerweile verboten ist. Auch das für seine Paella berühmte *chiringuito* Ayo steht noch an der Playa de Burriana (www.ayonerja.com).

Spukschlösser im Karst – **die Cueva de Nerja**

Ihre Schönheit hat die Natur geschaffen, aber wir sind es, die diese riesige Tropfsteinhöhle mit unserer Fantasie in einen magischen Ort verwandeln. In einem beeindruckenden Wald aus hängenden Zapfen und wachsenden Säulen erwachen so Gespenster zum Leben. Mit Gänsehautgarantie (schon der Temperatur wegen)!

So eine Höhle verändert sich in jedem Moment, und als Besucher werden Sie Zeuge dieses seit rund 5 Mio. Jahren andauernden Prozesses der innerlichen Verkarstung. Durch die Filtration unterirdischer Wasseransammlungen entstanden – und entstehen weiterhin – Hunderte von Stalaktiten und Stalagmiten. Und nun stellen Sie sich vor, dass hier einst wirklich Menschen lebten! Die in der Karsthöhle entdeckten prähistorischen Fundstätten zählen zu den wichtigsten im westlichen Mittelmeerraum. Die ältesten Stücke sind rund 30 000 Jahre alt, die jüngsten stammen aus dem 3. Jt. v. Chr.

Applaus oder Schreckensschreie?

Die 1959 von Kindern zufällig entdeckte Höhle betritt man heute durch einen künstlich angelegten Eingang. Der ca. einstündige Rundgang beginnt in der **Eingangshalle** `1`, von dort führt ein Gang in den **Krippensaal** `2`, in dem archäologische Funde ausgestellt sind. Folgen Sie dem Rundweg weiter in den **Wasserfall-** oder **Tanzsaal** `3`, den die sommerlichen Festivals für ihre Aufführungen nutzen. Auch ohne Tanz und Musik gerät man hier ins Staunen: Die Decke hängt voll mit Stalaktiten, und an den Wänden entecken Sie verwunschene Tropfsteinformationen. Auf der rechten Seite der Grotte scheinen Ihnen neben einer mehr als 15 m hohen Säule die Stalagmiten wasserfallartig entgegenzukommen.

Als Nächstes folgt der **Geistersaal** `4`, dessen Spukgestalten Namen aus der Welt der Gespenster tragen. Halten Sie sich an der folgenden

Ein Blick ins prähistorische Bilderbuch der Menschheitsgeschichte

M
MALEREI

Über 500 Zeichnungen in Schwarz-, Braun- und Rottönen, mit Kohle, Pinsel oder Fingern gemalt, haben Forscher in der Cueva de Nerja entdeckt. Doch aus konservatorischen Gründen sind die ur- und frühgeschichtlichen Kunstwerke leider nicht der Öffentlichkeit zugänglich.

9

Weggabelung rechts, um direkt aufs **Schloss** 5 zuzulaufen, ein Gebäude aus Stalagmiten über einer Wand aus großen Felsblöcken.

Fallende Steine, schwebende Klänge

Vom **Mirador del Cataclismo** 6, einem Treppenabsatz auf dem Rundweg, sollte man den Blick sowohl in den Geistersaal zurückwerfen als auch nach vorn in den **Kataklysmussaal** 7, dessen Name auf ein großes Erdbeben vor rund 800 000 Jahren zurückgeht. Die damals herabgestürzten Gesteinstrümmer liegen hier noch auf dem Boden verstreut.

Rechts des nächsten Treppenabsatzes dürfen Sie die parallelen Gesteinsfalten anschlagen, um zu hören, wie die mit Malereien verzierte **Orgel** 8 in unterschiedlichen Tonhöhen schwingt. Ein paar Schritte weiter und Sie können die 32 m hohe Säule des Kataklysmussaals bewundern. Man hat ausgerechnet, dass an ihrer Entstehung eine Billiarde Wassertropfen beteiligt waren.

ÜBRIGENS

Nur ein kleiner Teil der Höhle ist für Besucher erschlossen; die **Galerías Altas** und die **Galerías Nuevas** mit weiteren großen Sälen stehen nur Forschern offen.

INFOS/ÖFFNUNGSZEITEN

Cueva de Nerja: Ctra. de Maro s/n, T 952 52 95 20, www.cuevadenerja. es, tgl. Juli, Aug. u. Karwoche 9.30–19, sonst 9.30–16.30 Uhr, Einlass schließt 1 Std. früher, ab 13/9 € inkl. Museum u. Audioguide, unter 6 Jahren Eintritt frei, Mo–Fr online 45 Gratistickets für EU-Bürger für Einlass 9.30 Uhr, auch Nachtführungen

Anfahrt: Die Höhle liegt rund 4 km von Nerja und hat eine direkte Anbindung an die Autobahn A-7. Von Maro gibt es einen etwa 1 km langen Rad- und Fußweg. Busverbindung von Nerja und Málaga mit Alsa (► S. 112) ab 8.30 Uhr ca. stdl.

Sala de la Torca

Sala de la Mina

Cueva de Nerja

Faltplan: J 5

Frigiliana 🗺 J 5

Manchmal muss es sein: »Malerisch« beschreibt dieses Dorf in den Bergen knapp 6 km von Nerja einfach genau richtig – zweifellos eines der schönsten der gesamten Provinz Málaga. Unterhalb der maurischen Burgruine bahnen sich krumme Sträßchen und verwinkelte Treppengassen ihren Weg zwischen weißen Häusern hindurch.

Maurisches Erbe
An den geweißten Fassaden prangt Geranienschmuck, dahinter verbergen sich grüne Innenhöfe. In **Barribarto,** dem ältesten Stadtviertel, wird die Geschichte der Morisken durch Kachelbilder an den Hauswänden wachgerufen. Der botanische Garten **Santa Flora** zeigt, was schon in maurischer Zeit hier wuchs.

Sirup aus Zuckerrohr
Im heute **El Ingenio** genannten alten Grafenpalast (16. Jh.) wird *miel de caña* produziert. Das große Gebäude stammt aus dem 16. Jh. Ansonsten lebt das Dorf u. a. vom Mango- und Avocadoanbau.

🏠 Wie im Auenland
Hotel Los Caracoles
Hier gibt es keine rechten Winkel, Kurven ersetzen die geraden Linien, sodass die Bungalows an Schneckenhäuser erinnern. Im exquisiten Restaurant wird mediterran gekocht (abends nur mit Reservierung). Ctra. Frigiliana–Torrox, km 4,5, T 952 52 41 38, www.hotelruralloscaracoles.com | €–€€.

🍴 Naturnah
Bar El Acebuchal
Die Betreiber haben mitgeholfen, dem verlassenen Nachbardorf neues Leben einzuhauchen. Im Lokal werden Omas Rezepte in Ehren gehalten. Salat und Gemüse stammen aus dem eigenen Garten, das Brot wird selbst gebacken. El Acebuchal, 5 km von Frigiliana, T 951 48 08 08, www.elacebuchal.net, tgl. im Sommer 10–22, sonst 10–18 Uhr | €

ℹ️ Infos
Oficina de Turismo: Cuesta del Apero s/n (Palacio del Apero), T 952 53 42

In Frigiliana sind die Bewohner übrigens per Gesetz verpflichtet, ihre Häuser regelmäßig weiß zu kalken, damit sich das Grün in den Gassen auch gut abhebt.

61, www.turismofrigiliana.es, Juli–15. Sept. Mo–Sa 10–14.30, 17.30–21, So 10–14.30, sonst Mo–Fr 10–18, Sa 10–14, 16–20, So, Fei 10–14 Uhr

Almuñécar ◫ K 5

Imposante Sommerresidenz am Meer – dachten sich schon die nasridischen Herrscher aus Granada beim Anblick der Burg, die noch heute mit ihren elf Türmen und drei Mauerringen den Hauptort (ca. 26 000 Einwohner) der Costa Tropical überragt. Auch im Barrio del Castillo unterhalb der Festung erinnern die Gassen mit weiß getünchten Häusern an die maurische Vergangenheit.

Stadtbummel

Über die Straße Baja del Mar und die Plaza de la Rosa gelangen Sie ins historische Zentrum. Der **Renaissance-Brunnen** (1559) in der Calle Real zeigt ein ungewöhnliches Relief, eine von Löwenköpfen gerahmte Fruchtbarkeitsgöttin, wie sie hier vielleicht schon von Phöniziern und Römern verehrt wurde. Hinter dem Rathausplatz erhebt sich die **Iglesia de la Encarnación** (Mo–Fr 10–14, 16.30–20 Uhr, Eintritt frei), eine barocke Kirche, die Ambrosio de Vico nach Entwürfen von Juan de Herrera um 1600 vollendete.

Rund um die Burg

Ursprünglich legten die Römer die Cueva de los Siete Palacios als Untergeschoss ihres Minervatempels an. Heute dienen die Gewölbe als Rahmen für das **Archäologische Museum,** das u. a. eine ägyptische Vase aus dem 17. Jh. v. Chr. zeigt (Di–Sa 10–13.30, 16/17/18.30–18.30/19.30/21, Kombi-Ticket mit dem Castillo 4/2,50 €). Auf den Überresten älterer Verteidigungsanlagen wurde im 10. Jh. das mächtige **Castillo de San Miguel** errichtet. Aus der Zeit der Katholischen Könige (16. Jh.) stammen seine runden Türme (Öffnungszeiten und Eintritt s. Archäologisches Museum).

DENKMAL FÜR DEN FEIND

Wenn man bedenkt, dass die spanische Geschichtsschreibung die arabische Vergangenheit gerne ausblendet, überrascht es, an der Playa de San Cristóbal eine 5 m hohe heroische Statue von **Abd al-Rahman I.** anzutreffen. Der Omaijadenprinz hatte sich, bald nachdem er 755 hier an der Küste gelandet war, zum ersten Emir von Córdoba erhoben.

Im Westen des Burgbergs finden Sie im Parque de El Majuelo nicht nur einen **Botanischen Garten** mit subtropischen Pflanzen aus Zentral- und Südamerika, sondern auch die **Reste einer Fischfabrik,** die noch auf die phönizische Zeit (5./4. Jh. v. Chr.) zurückgeht (tgl. 9–21 Uhr). Auch unter römischer Herrschaft blieb Almuñécar ein wichtiger Standort für die Produktion von Pökelfisch und der in Rom beliebten Fischsauce (Garum).

Am Meer

An den Stränden, unterbrochen von Felsvorsprüngen, liegen hier und da noch Fischerboote. Am stärksten frequentiert werden die windgeschützte **Playa de la Velilla** (1,5 km), der zentral gelegene Strand von **Puerta del Mar** sowie die **Playa de San Cristóbal** (1,1 km) mit ihren Strandbars, hier *chambaos* genannt.

Der lokale Sportverein nennt sich »Atletismo sexitano«, eine Bezeichnung, die der Zensur bei Facebook zunächst zu heiß erschien. Obwohl sie nicht auf das gute Aussehen der Sportler anspielt, denn alle Bewohner Almuñécars sind Sexitaner, da die Phönizier die Stadt *Sexi* tauften, übersetzt ›Stadt in den Hügeln‹.

Entlang der Steilküste – **von Maro nach Cerro Gordo**

Am liebsten hätte man sie für sich ganz allein, die versteckten Buchten unterhalb des felsigen Steilufers, die das Meer fast zu verschlingen scheint. Und wenn nicht gerade Sommer ist, kann es auch vorkommen, dass eines der schönsten Fleckchen am Mittelmeer nur Ihnen gehört.

An diesem 12 km langen Küstenstreifen an der Provinzgrenze Málaga–Granada eröffnen sich von den Acantilados de Maro-Cerro Gordo immer wieder erstaunliche Ausblicke aus der Vogelperspektive. Der Naturpark umfasst die zerklüfteten Ausläufer der Sierra de Almijara sowie eine ca. 1500 ha große Meeresfläche. Sein eigentlicher Schatz liegt in der biologischen Artenvielfalt, die hier anzutreffen ist, vor allem unter Wasser. In den Grotten und Spalten des zerklüfteten Meeresbodens leben Fische und Pflanzen, deren Überleben bedroht ist.

Buchten ohne Ende

Um zur ersten interessanten Bucht hinter Nerja zu gelangen, verlässt man die N-340 bei km 294 bei einer Straße, die kurz vor der Auffahrt auf die A-7 rechts abgeht und durch die Schlucht von Maro hinunter zur **Cala del Barranco** 1 führt. Den Weg zur **Playa de Maro** 2, einem nicht allzu großen Strand, der im Sommer überlaufen sein kann, findet man leicht vom Hauptplatz in Maro. Das Auto kann man auf einem Parkplatz rund 2 km vom Strand entfernt abstellen.

Das nächste Ziel, die **Torre de Maro** 3, ist ein guter Aussichtspunkt über die Steilküste. Man biegt bei km 297 auf einen Weg ab, der zwischen Gewächshäusern und Wildkräutern zum ca. 1 km entfernten Verteidigungsturm führt.

Bei km 298,3 zweigt der Zugang zur **Playa Molino de Papel** 4 ab. Der nach einer Papiermühle benannte Sandstrand ist recht weitläufig

Versetzen Sie sich zurück in die Zeiten, als man von der Torre de Cerro Gordo Ausschau nach Piraten hielt.

A
AQUÄDUKT

Auf der Höhe der Cala del Barranco sieht man in den Bergen den **Acueducto del Águila**, der im 19. Jh. errichtet wurde, um die Mühlen der alten Zuckerfabrik San Miguel in Maro mit Wasser zu versorgen. Die Ziegelsteinkonstruktion mit 38 Bögen, auf vier Etagen verteilt, wird noch für die lokale Bewässerung genutzt.

und geht fast nahtlos in die **Playa de las Alberquillas** 5 über. Hierher führt auch eine etwa 1 km lange Stichstraße, die bei km 299,2 von der N-340 abbiegt. Über eine alte Straße, die kurz vor km 299 rechts abgeht, erreicht man zwei Aussichtpunkte, die eine gute Sicht auf die Strände und die Ruinen der **Torre del Río de la Miel** 6 erlauben.

Klippen ahoi

Bei km 300 zeigt ein Wegweiser zu einem Pfad, der etwa 200 m zu den **Calas del Pino** 7 hinuntergeht. Die Pinienbuchten sind zwei Sandstrände, die durch einen felsigen Abschnitt getrennt werden. Der Weg zur **Playa del Cañuelo** 8 ist einer der reizvollsten des Küstenabschnitts. Er geht vom Kreisverkehr hinter km 302 ab, vom Parkplatz sind es noch etwa 15 Min. zu Fuß zwischen Pinien und Gemüsegärten hindurch. Im Sommer gibt es einen kleinen Shuttlebus zwischen Parkplatz und Strand. Die nächste Felsenzunge ins Meer hinein heißt Mönchsklippe: **Peñón del Fraile** 9. Bei km 303,7 geht es zur **Playa de Cantarriján** 10. Die Anfahrt mit dem Wagen ist im Sommer nicht erlaubt. Auch hier existiert ein Shuttlebus. Eine alte Straße zweigt bei km 304 rechts ab, nach 1,5 km erreicht man ein Restaurant, bei dem der Fußweg zur **Torre de Cerro Gordo** 11 beginnt. An diesem Aussichtpunkt steht man mitten in unberührter Natur und lässt den Blick über Felsvorsprünge und versteckte Buchten wandern.

INFOS

Die Zufahrt mit dem Auto zu den Buchten ist verboten, sodass man von den ausgewiesenen Parkplätzen hinunterwandern (oder -shuttlen) muss. Nur an einigen Stränden gibt es im Sommer kleine Lokale oder Kioske (z. B. Playa de Maro oder El Cañuelo).

KULINARISCHES FÜR ZWISCHENDRIN

So kann gute Laune schmecken: **La Barraca** 1 (Playa de Cantarriján, T 958 34 98 97, 601 61 50 03, www.labarracacantarrijan.com, tgl. 10–18/22 Uhr | €). Im **Utropia Project** 2, einem Kulturzentrum mit spektakulärem Ausblick, kann man auch lecker essen (Mirador de Cerro Gordo, Antigua Ctra. Málaga–Almería, La Herradura, T 691 53 50 64, Di–Fr 19–24, Sa, So 13–24 Uhr | €).

Faltplan: J 5

Richtung Osten finden sich kleine, kaum bebaute Buchten, wie die von **Cabria** oder die **Playa de la Galera** und die **Playa del Tesorillo,** in westlicher Richtung die Buchten von **Cotobro** und **Muerto,** wo sich die Nudisten treffen.

🏠 Bunter Stil
Casablanca
Geschmackvolle 30 Zimmer mit wunderschönem Ausblick hinter einer arabisierenden Fassade. Empfehlenswert das Restaurante Emiliano (Mi. geschl. | €).
Pl. San Cristóbal 4, T 958 63 55 75, www. hotelcasablancaalmunecar.com | €

🍴 Reis satt
Mesón Gala
Neben den hervorragenden Reisgerichten sollte man die Kichererbsen mit Hummer oder die Ibérico-Spezialitäten sowie die gute Weinauswahl kosten.
Pl. Damasco 5/Ecke Pl. Antonio Gala, T 958 88 14 55, www.restaurantegala.es, Do–Di 13–16, 20–23 Uhr, Nov. geschl. | €

🍴 Wie daheim
Los Geráneos Bar
Namengebende Geranien am Fenster und gute Stimmung am Tresen, die nur noch von der Qualität des Essens getoppt wird. Lassen Sie Platz für den Nachtisch!

Zum besonderen Charme von **La Herradura** tragen die *chambaos* bei, reetgedeckte Strandlokale, in denen Fischspießchen über Holzkohle schmoren. Auch für **Taucher** und andere Wassersportler ist der kleine Küstenort die richtige Anlaufstelle (Buceo La Herradura, Marina del Este, T 958 82 70 83, www.buceolaherradura.com). In der **Festung** aus dem 18. Jh. zeigt die Ausstellung 1562 La Furia del Mar die Geschichte eines tragischen Schiffbruchs (Mi–So 9.30–13.30, 17.30–20.30 Uhr, 4/2 €).

MANGO, CHERIMOYA UND CO

Zwar stammen diese fruchtig-süßen Delikatessen ursprünglich aus Amerika, aber das Klima an der südandalusischen Costa Tropical rund um Almuñécar behagt ihnen so wohl, dass sie von hier aus nach ganz Spanien verkauft werden. Im Touristenbüro erhalten Sie nähere Informationen über geführte **Touren zu ›tropischen‹ Bio-Farmen.**

Placeta de la Rosa 4, T 958 63 40 20, Di–Sa 12–16, 19.30–23, So 12–16 Uhr | €

🌀 Klassischer Disco-Pub
Jabeque
Jazz, Soul, Rock … kommt hier aus den Lautsprechern, aber gerne auch live. Mit Tischspielen und Open-Air-Bereich für warme Sommernächte.
Aduana Vieja 3, tgl. ab 15 Uhr

ℹ️ Infos & Termine
Oficina de Turismo: Avda. de Europa s/n (im Palacete de la Najarra, 19. Jh.), T 958 63 11 25, www. turismoalmunecar.es, tgl. 9.30–13.30, 16.30/17/18.30–19/20/21 Uhr
Festival Jazz en la Costa: 2. Julihälfte. Vor der Kulisse des Parque de El Majuelo (www.jazzgranada.es) treffen sich Musiker aus aller Welt. Ein Ableger des Festivals, das in Granada stattfindet.

Salobreña 🗺 K 5

Wenn Sie wünschten, Sie hätten Ariadne um ihren Faden gebeten,

sind Sie mittendrin in Salobreñas Labyrinth aus steilen Gassen, gewundenen Bogengängen und weißen Häusern mit Blumenschmuck. Majestätisch von einem Kastell bewacht thront der mittelalterliche Ortskern auf einem Felsen über dem Meer.

Im historischen Zentrum

Steigt man die verwinkelten Gassen hoch, trifft man ganz von selbst auf die Plaza de Ayuntamiento mit dem modernen **Rathaus.** Um die Ecke geht es zur überwölbten **Calle Bóveda,** die in maurischer Zeit die Verbindung zwischen dem Albaycín-Viertel und der Medina bildete. In dieser Gegend verlief auch die alte Stadtmauer, von der so gut wie nichts erhalten blieb. Nahebei erhebt sich die **Iglesia de Nuestra Señora del Rosario** (Mi, Fr, So zur Messe), ein Gotteshaus im Mudejarstil aus dem 16. Jh. mit zinnenbewehrtem Turm und kachelverziertem Seitenportal. Das **Castillo** bauten die Nasriden über Resten phönizischer und römischer Verteidigungsanlagen. Von der arabischen Burg genießt man eine herrliche Aussicht (tgl. 10–13.30/14, 16/17/17.30–18/19.30/20.30 Uhr, 4/2 €).

Strände und Buchten

Der markante Felsen **El Peñón** teilt die von Lokalen belebte Strandzone in zwei Abschnitte. Weiter westlich schließt sich **La Caleta** mit kleinen Buchten an.

🍴 Umgestaltetes Boot
El Peñón
Das Lokal mit Rundumblick bietet Gaumenfreuden wie Fisch in Salzkruste oder marokkanische Tagine.
Po. Marítimo s/n, T 958 61 05 38, www.restauranteelpenon.es, tgl. 12–24 Uhr, Mitte Jan.–Mitte Febr. geschl. | €–€€

🍴 Aussichtsterrasse
Bar Pesetas
Fangfrischer Fisch und Meeresfrüchte nach regionalen Rezepten zubereitet.
Bóveda 11, T 958 61 01 82, Di–So 13–17, 19.30–24 Uhr, Jan. geschl. | €

D
DENKMAL

Freiheit war sein Lebensmotto, vielleicht ist seine Büste deshalb durchsichtig. Der Flamenco-Sänger aus Granada mag in Salobreña oft den Blick aufs Meer genossen haben, nun trägt der Aussichtspunkt im Albaycín-Viertel seinen Namen: **Mirador de Enrique Morente.**

❶ Infos
Oficina de Turismo: Pl. de Goya s/n, T 958 61 03 14, www.turismosalobrena.com, tgl. 9–14 Uhr. Im Sommer hat zudem nachmittags ein Infobüro am Strand geöffnet.

IN DER UMGEBUNG

Zuckerrohr und Strandleben
Nach Osten, Richtung **Motril,** fährt man durch Zuckerrohrplantagen. Wer mehr über die Geschichte der Zuckerverarbeitung und des Rumbrennens in vorindustrieller Zeit erfahren möchte, sollte sich im Ort das **Museo Preindustrial de la Caña de Azúcar** anschauen (Zafra 6, Di–Sa 9/10–14, 16/18–19/20 Uhr, 3/2 €). Dass hier auch heutzutage noch Rum hergestellt wird, beweist ein Besuch der Destillerie **Ron Montero,** eine Motriler Firma mit Weltruhm (Camino de la Vía, www.ronmontero.com). Auch das landeinwärts gelegene historische Stadtzentrum braucht sich nicht zu verstecken, doch die meisten Besucher zieht es an die Strände. An der **Playa de Poniente** trifft man sich im familiären Restaurant Katena (www.restaurantekatena.es). Das Gegenstück an den **Playas de Torrenueva** heißt Casa Cristóbal (Paseo Marítimo s/n, Jolúcar, T 958 83 56 36, www.restaurantecasacristobal.es) Schleckermäuler werden hier im Eiscafé Perandrés beglückt. Probieren Sie *leche rizada* mit Geschmack nach Milchreis mit Zimt (Acera del Mar 2).

Granada und die Alpujarras

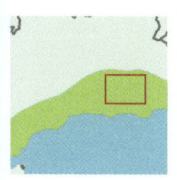

Der schwebende Zustand des Träumens beschreibt gut das Gefühl, mit dem man durch die Alhambra wandelt, dieses immense maurische Märchenschloss, in dem Generationen nasridischer Herrscher ihre Utopien von al-Andalus verwirklichten. Ganz Granada ist Ausdruck dieser Kultur, in der Muslime, Juden und Christen zueinander fanden. Ein goldener Traum, an dessen Ende sich die besiegten Araber in die Bergtäler der Alpujarras zurückzogen, zwischen Maulbeerbäumen und Dattelpalmen in der Hoffnung schwelgten, ihr Paradies Granada wiederzusehen.

»Gib ihm ein Almosen, Frau, denn es gibt im Leben kein schlimmeres Unglück, als blind zu sein in Granada!« Dieses Gedicht von Francisco de Izaca werden Sie häufig hören und am Pulverturm der Alcazaba finden Sie es auch in Stein gemeißelt.

Granada

📖 K 3, Cityplan S. 78

So intensiv kann Geschichte sein – abseits jeden Küstentrubels wird in Granada die Begegnung mit der rund 800 Jahre dauernden arabischen Ära Andalusiens zum Erlebnis. Vor den schneebedeckten Bergen der Sierra Nevada strahlt der Glanz vergangener Tage bis heute auf die lebendige Universitätsstadt mit ihren rund 233 000 Einwohnern ab.

....

WAS TUN IN GRANADA?

....

Ausflug nach al-Andalus

Allein in den Gärten und Palästen der **Alhambra** (▸ S. 80, 1 – 4), der alten maurischen Fürstenresidenz, lässt sich leicht ein ganzer Tag verbringen.

Rund um die Kathedrale

Abgesehen von der Alhambra stellen die Kathedrale und der benachbarte Basar im Zentrum der Stadt den größten Anziehungspunkt für Touristen dar. Das quirlige Gedränge in der **Alcaicería** 🛈 vermittelt einen Eindruck, wie es auf dem Großen Basar von Granada in muslimischer Zeit zugegangen sein mag. Nach einem Brand im 19. Jh. wurden die schmalen, von Hufeisenbögen überspannten Gässchen rekonstruiert, in denen sich heute ein Souvenirladen mit Lederarbeiten, Schmuck und Kunsthandwerk an den anderen reiht.

Nebenan, anstelle der ehemaligen Hauptmoschee, erhebt sich die monumentale **Kathedrale** 5 , die im 16. Jh. in einem Stilgemisch aus Spätgotik, Renaissance und Barock errichtet wurde. Hohe Säulen gliedern den Innenraum in fünf Schiffe. Den mit Buntglasfenstern, Gemälden und Balustraden geschmückten Altarraum umgibt ein doppelter Chorumgang (www.catedraldegranada.com, Mo–Sa 10–18.15/18.30, So, Fei 15–17.45/18.15 Uhr, 5/3,50 € inkl. Audioguide.)

An die Kathedrale angebaut ist die gotische **Capilla Real** 6 (Königliche Kapelle), in der seit 1521 die Katholischen Könige beigesetzt sind. Hinter einem schmiedeeisernen Gitter, reich im Platereskenstil verziert, stehen die Marmorgrabmale mit den obenauf liegenden Figuren von Isabella und Ferdinand, daneben ihre Tochter Johanna die Wahnsinnige und ihr Schwiegersohn Philipp der Schöne aus dem Hause Habsburg (www.capilla realgranada.com, Mo–Sa 10–14, 15–19, So, Fei 11–14, 15–19 Uhr, 5/3,50 €)

Zeit für eine Pause

Löst man sich etwas aus dem touristischen Hauptstrom, entdeckt man zauberhafte baumbestandene Plätze, wie z. B. die **Plaza Bib-Rambla 7**, die **Plaza Pescadería 8** oder die **Plaza Trinidad 9**, die mit unzähligen Cafés und Restaurants zum Verschnaufen einladen. Ein schattiges Fleckchen zum Ausruhen finden Sie ebenfalls im **Botanischen Garten 10** neben der Juristischen Fakultät (Pl. de la Universidad s/n, Mo–Fr 8–22 Uhr, Eintritt frei). Auch in den belebten Gassen zwischen der Plaza del Carmen, an der das **Rathaus 11** liegt, und der Plaza de Isabel la Católica mangelt es nicht an populären Lokalen. Einen Blick werfen sollten Sie hier in den **Corral del Carbón 12**, eine maurische Karawanserei aus dem 14. Jh. Das mit Ornamenten verzierte Eingangsportal in Hufeisenform führt in einen zweigeschossigen Innenhof, heute eine stilvolle Kulisse für Theaterabende, Konzerte und Flamenco-Shows (Mariana Pineda s/n, tgl. 9–20 Uhr, Eintritt frei).

Bummel entlang des Río Darro

Granada ist eine Stadt für passionierte Fußgänger. Man muss sich in Spazierlaune durch die schmalen Gassen der alten Viertel treiben lassen, um in den Puls der Stadt einzutauchen. Einer der schönsten Spaziergänge beginnt an der **Plaza Nueva 13**, dem neuralgischen Punkt des Stadtzentrums, gerahmt von der **Real Chancillería 14**, einem Gerichtsgebäude aus dem 16. Jh. (Mo–Fr 8.30–14.30 Uhr, Eintritt frei), und der **Kirche Santa Ana 15**. Wandern Sie in Verlängerung des Platzes die Carrera del Darro mit ihren Hotels und Kneipen entlang, bis Sie in

Am 2. Januar 1492 überließ Emir Boabdil, der letzte Herrscher aus dem Geschlecht der Nasriden, die Stadt, die in 250 Jahren zu Glanz und Größe aufgestiegen war, kampflos den Katholischen Königen. Im Vorraum der **Capilla Real** zeigt das Gemälde »Die Übergabe Granadas«, wie er Isabella und Ferdinand den Stadtschlüssel überreicht. Damit ging die Reconquista zu Ende, die letzte Enklave der Mauren auf spanischem Boden war gefallen.

einem Privathaus gegenüber einer Brücke die gut erhaltenen arabischen **Bäder El Bañuelo 16** aus dem 11. Jh. finden, eine der wenigen Badeanlagen, die nach dem Sieg der Christen nicht zerstört wurden (Cra. del Darro 31, tgl. Mai–Sept. 9–14.30, 17–20.30, sonst 10–17 Uhr, Kombiticket **Monumentos Andalusíes** inkl. Palacio de Dar al-Horra, Corral del Carbón und Casa Morisca 5 €, So gratis). Nur wenige Schritte weiter versteckt sich in einem Renaissancepalast mit reich geschmücktem Portal das frisch renovierte **Archäologische und Ethnografische Museum 17**, (Cra. del Darro 41/43, T 600 14 31 41, www.museosdeandalucia. es, Di–Sa Juli, Aug. 9–15, sonst 9–21, So 9–15 Uhr, 1,50 €, für EU-Bürger Eintritt frei). Weiter hügelauf geht es in die Viertel Albayzín und Sacromonte.

Durchs Gassengewirr des Albayzín

Im Treppauf-Treppab des unverkennbar maurisch geprägten Viertels gegenüber der Alhambra fühlt man sich in eine andere Zeit versetzt und kann auch räumlich leicht die Orientierung verlieren. Doch kein Problem, bergab findet man immer in die Stadt zurück. Hinter den weiß gekalkten Mauern entlang der schmalen Gassen verbergen sich die sogenannten *cármenes*, kleine, schon in maurischer Zeit angelegte Häuser mit eigenem Garten.

Río Darro

Jardines del Generalife

Teatro

Eingang Alhambra

GENERALIFE

C. Viejo del Cementerio

Camino Fuente del Avellano

Carretera de Los Chinos

Jardines del Secano

Details s. Seite 82

hapl

Parador San Francisco

Jardines del Partal

ALHAMBRA

Campo de los Mártires

Chirimías

A. Alta Paseo de Mártires

Auditorio Manuel de Falla

Museo Manuel de Falla

Plaza Aljibes

A. Baja

Taxi

Parra de S. Cecilio

Capil de S. Cecilio

Hoteles de Belén

Arco de las Granadas

Callejón Niño del Royo

Cta. del Realejo

Plegadero Alto

Huerto San Cecilio

Campo de los Príncipe

Campo del Príncipe

Belén

Molinos

Torres Bermejas

Aire Alta

A. de S. Cecilio

Escuelas

Molinos

Escutia

Somosierra

Plta. Miga

Cta. de Gomérez

Cruz de Piedra

Cta. S. Catalina

REALEJO

Santiago

Salvador

Plaza Sta. Ana

Cjon. P. del Sol

Cta. S. Catalina

Plaza de Realejo

Conv. Santiago

Cta. Mauron

ANTEQUERUELA

Pl. Hospicio Viejo

Aguado

Paco Seco de Lucena

Pl. Nueva

Casa de los Tiros

Pl. Fortuny

Pl. Santo Domingo

Pal. Almanzora

Conv. Carmelitas

Paveneras Staescolastica

Pl. Girones

Cuarto Real S. Domingo

Colcha

Ballesteros

Nicueza

J. Costa

Pl. Isabel la Católica

Torito

Pl. Campos

Concepción

Abenamar

Jazmín

San Matías

Coches

Rosario

E. Lozano

San Pedro Mártir

Madraza

Reyes Católicos

Horno de S. Matías

Piedra Sta.

Las Navas

Cervantes

Plaza Mariana Pineda

Estribo Tinte

Horno del Carmen

Sarabia

Angel Ganivet

Plaza Campillo

Plaza Bibataubín

Pl. A. Cano

Plaza del Carmen

Goza

Moras

Carrera de la Virgen

Pl. Pasiegas

Plaza Real de España

Acera del Casino

Virgen de las Angustias

Pescadería

Plta. S. Cristo

Pino

Acera del Darro

Duedo

V. de la Virgen

San Isidro

S. J. Baja

Mesones

77

Sehenswert

1 Alcazaba
2 Palacios Nazaríes
3 Generalife
4 Palacio de Carlos V
5 Kathedrale
6 Capilla Real
7 Plaza Bib-Rambla
8 Plaza Pescadería
9 Plaza Trinidad
10 Botanischer Garten
11 Rathaus
12 Corral del Carbón
13 Plaza Nueva
14 Real Chancillería
15 Kirche Santa Ana
16 Bäder El Bañuelo
17 Archäologisches Museum
18 Kirche San Nicolás
19 Centro de Interpretación/Museo Cuevas del Sacromonte
20 Abadía del Sacromonte
21 Parque de las Ciencias
22 Huerta de San Vicente
23 Centro Federico García Lorca

In fremden Betten

1 Hotel Molinos
2 Hotel Leo
3 Hotel Casa Morisca

Satt & glücklich

1 Parador de San Francisco
2 Mirador de Morayma
3 Damasqueros
4 Los Manueles
5 Kiki San Nicolás
6 Páprika
7 El Piano
8 Bodegas Castañeda

Stöbern & entdecken

1 Alcaicería
2 Al Sur de Granada
3 Casa Ferrer
4 Sostiene Pereira

Wenn die Nacht beginnt

1 Peña La Platería
2 Calderería Nueva/Calderería Vieja
3 La Petenera

Vom *mirador* (Aussichtsplatz) bei der **Kirche San Nicolás** 18 bietet sich eine Postkartenansicht auf die Gesamtanlage der Alhambra. Besonders in den Abendstunden treffen sich hier viele Menschen und genießen zum Sonnenuntergang den Blick auf den über Granada thronenden Festungspalast der Nasriden. Um noch

P POET

Federico García Lorca gehört als Schriftsteller der Generation von 1927 zu den berühmtesten Persönlichkeiten Granadas. Die Stadt gedenkt des 1936 von den Faschisten Ermordeten in der **Huerta de San Vicente** 22, dem Sommerhaus seiner Familie (Virgen Blanca, www.huertadesanvicente.com, Di–So Mai–Mitte Sept. 9–14.30, sonst 10–17 Uhr, 3/1 €, Di außer Fei Eintritt frei), sowie im modernen **Kulturzentrum Federico García Lorca** 23 (Plaza de la Romanilla, www.centrofedericogarcialorca.es, Di–Sa 11–14, 17/18–20/21, So 11–14 Uhr, Eintritt frei).

weiter zu schauen, kann man auch den Kirchturm besteigen (tgl. 10–13, 19–22 Uhr, 2,50 €). Ganz in der Nähe wurde vor einigen Jahren eine neue **Moschee** eingeweiht, denn es gibt in Granada wieder eine bedeutende muslimische Gemeinde.

Granadas ›Heiliger Berg‹

In Granadas Höhlenviertel Sacromonte bauten sich seit dem 15./16. Jh. *gitanos*, in Spanien lebende Roma, ihre Wohnungen in den Berg hinein. Weiß getünchte Fassaden und aus dem Gestein ragende Schornsteine geben den Straßen ein unverwechselbares Gepräge. Einige *cuevas* werden für Flamenco-Darbietungen genutzt. Oberhalb des Camino de Sacromonte liegt der **Centro de Interpretación del Sacromonte/Museo Cuevas del Sacromonte** 19, der über die Kultur, Lebensart und Natur des Sacromonte informiert (Barranco de los Negros s/n, T 958 21 51 20, www.sacromontegranada.com, tgl. 10–18, Mitte März–Mitte Okt. bis 20 Uhr, 5 €, Bus C34 ab Pl. Nueva). Die als Pilgerort über Höhlengräbern entstandene **Abadía del Sacromonte** 20 (17. Jh.) kann man nur im Rahmen einer 45-minütigen Klosterführung besichtigen (Camino del Sacromonte 4, T 958 22 14 45, http://abadiasacromonte.org, tgl.

10.30–14, 16–19.30 Uhr, 5 €, Bus C34 ab Pl. Nueva).

MUSEEN, DIE LOHNEN

Wissenschaft zum Anfassen
Parque de las Ciencias `21`
Granadas interaktives Museum lädt auf 70 000 m² Fläche nicht nur zu einer Reise durch den menschlichen Körper ein, sondern begleitet die Besucher durch das ganze Reich der Wissenschaften. Der Tierpark des tropisch anmutenden BioDomo thematisiert die Bedrohungen für die Artenvielfalt. Interessant sind auch die Abteilungen zum maurischen Erbe und den andalusischen Naturparks; zudem gehören ein Planetarium zum Komplex.
Avda. del Mediterráneo s/n, T 958 13 19 00, www.parqueciencias.com, Di–Sa 10–19, So, Fei 10–15 Uhr, Museum 7/6 €, BioDomo 6/5 €, Kombiticket 11/9 €, Planetarium 2,50/2 €, Bus 21 ab Gran Vía, Metro: Alcázar Genil

SCHLEMMEN, SHOPPEN, SCHLAFEN

 In fremden Betten

Farbenfroh
Hotel Molinos `1`
Das familiäre Haus rühmt sich, das schmalste Hotel der Welt zu sein. Die neun funktionalen Zimmer sind mit Massageduschen ausgestattet. Cafetería und Panoramaterrasse.
Molinos 12, T 958 22 73 67, www.hotelmoli nos.es, Parkplatz ca. 17 €/Tag | €

Stylish
Hotel Leo `2`
Manche der geräumigen, stilvoll möblierten Zimmer haben einen eigenen Balkon mit schönem Ausblick. In der Fußgängerzone nahe der Kathedrale.
Mesones 15, T 958 53 55 79, www.leo. room-matehotels.com | €–€€

1001 Nacht
Hotel Casa Morisca `3`
In diesem stimmungsvollen Haus im Albayzín fühlt man sich tatsächlich in

maurische Zeiten gebeamt: Im Innenhof plätschert ein Brunnen, rundherum die Zimmer mit schmuckvollem Holzinterieur. Cuesta de la Victoria 9, T 958 22 11 10, www.hotelcasamorisca.com | €€–€€€

Flamenco – die spontane Feier des Augenblicks, Ausdruck überschäumender Lebensfreude oder tiefer Verzweiflung

#11

Märchenpalast aus 1001 Nacht – **die Alhambra**

Licht, Wasser, Farben und Ornamente – ein Besuch der Alhambra ist eine sinnliche Reise ins Reich der Mauren. In kunstvoll angelegte Gärten eingebettet zieht die ausgedehnte Palastanlage auch fast 800 Jahre nach ihrer Entstehung jeden Besucher in ihren Bann.

E
EINTRITT

Gesamtkomplex 14 €, Gärten, Alcazaba und Generalife 7 €, Nachtticket Palacios Nazaríes 8 €, reservierte bzw. online oder am Automaten gekaufte **Tickets** kosten 6 % mehr; unter 12 J. Eintritt frei, Ermäßigungen für unter 15-Jährige, über 65-Jährige oder mit European Youth Card. Wegen hoher Nachfrage Online-Kauf oder tel. Reservierung empfohlen: T 858 88 90 02, https://tickets.alhambra-patronato.es. Verkauf am Schalter nur für denselben Tag, Ticketautomaten (nur mit Kreditkarte) am Alhambra-Eingang, Corral del Carbón, Bañuelo und Dar al-Horra. Die Tickets sind personalisiert, Eintritt nur mit Vorlage des Personalausweises/Passes.

Nach dunklen Jahrhunderten entdeckten Reisende und romantische Dichter im 19. Jh. die ›rote Burg‹ wieder, in der sie auf *gitanos* (span. Roma) mit Gitarren trafen und sich der großartigen Vision hingaben, die Essenz des orientalischen Lebens inmitten mediterraner Kultur gefunden zu haben. So beflügelte dieser magische Ort ihre Fantasie, und ihre Geschichten rund um Liebe und Verrat, Rache und Versöhnung ließen die Vergangenheit wieder lebendig werden.

Zuvor war das maurische ›Reich der Schönheit‹ verloren gegangen an einen Gegner, der nicht nur einer anderen Religion anhing, sondern ein komplett anderes Verständnis von Herrschaft und Leben verkörperte. Als Boabdil, der letzte Herrscher aus dem Geschlecht der Nasriden, die Festung am 2. Januar 1492 an die Katholischen Könige übergab, konnte sie auf eine 250-jährige Geschichte zurückblicken.

Militärfestung und Sultanspalast

Alles begann mit **Ibn al-Ahmar,** der sich im Jahr 1238 zum Sultan ernannte und sein neues nasridisches Reich aus der Herrschaft der Almohaden löste. Zu seiner Hauptstadt erklärte er Granada, wo er von seiner Residenz im Albayzín den Hügel jenseits des Darro betrachtend beschloss, dort sei der beste Ort, um das Paradies auf Erden zu erschaffen. Auf den Überresten alter Burgmauern entstand so ein großzügiger Gebäudekomplex samt verspielter Parkanlagen.

Zunächst lebten die Herrscher des Nasridengeschlechts mit ihren Soldaten in der **Alcazaba** 1, ei-

Das überall in Rinnen, Brunnen und Teichen plätschernde Nass verleiht der Alhambra ihren ganz besonderen Zauber. Es ist die Bewässerungskunst, die den nasridischen Palast unsterblich werden ließ. Ihr Sinnbild ist das ewige Fließen der escalera del agua, der Wassertreppe im Generalife.

ner von einem doppelten Mauerring geschützten Burg. Vom mächtigen Wachturm Torre de la Vela bietet sich ein fantastischer Ausblick, den dürfen Sie sich nicht entgehen lassen. Dort hängt zudem eine Glocke, die alle Bürger Granadas jedes Jahr am 2. Januar läuten dürfen, immer noch wird so der Sieg der Christen über die Araber gefeiert.

Absolutes Highlight der Alhambra sind die **Palacios Nazaríes 2**, hier residierten die späteren Sultane. Äußerlich ist die Anlage schlicht, doch innen zeigt sie rund um drei hintereinander gestaffelte Hofbereiche eine zeitlos-heitere Architektur. Die verschiedenen Säle faszinieren durch herrliche Kuppeln mit filigranen Stuckornamenten und Wandflächen, die mit ihren Arabesken und Kalligrafie-Friesen wie Spitzendecken anmuten.

Im Löwenhof angekommen ereilt Sie womöglich ein Déjà-vu, so berühmt ist das Bild dieses weißen Marmorbrunnens, dessen riesige Schale auf zwölf Wasser speiende Fabeltiere ruht. Der Patio sowie die mit herrlichen *muqarnas*-Kuppeln geschmückten Privatgemächer des Sultans rundherum entstanden im 14. Jh. unter Mohamed V.

Beliebt als Inschrift ist das Motto der Nasriden: »Es gibt keinen Sieger außer Allah.«

Kühle Sommerfrische

Zu Fuß streift man weiter durch gepflegte Parkanlagen zum etwas erhöht gelegenen **Generalife 3**, dem luftigen Sommerpalast der Nasriden. In den von islamischen Gartenkünstlern geschaffenen Anlagen gilt der **Jardín de la Acequia** wegen seines schmalen, langen Wasserbeckens als verkleinertes Abbild des Myrtenhofes im Nasridenpalast.

Pompöse Machtdemonstration

Als Symbol der neuen christlichen Herrschaft ließ Kaiser Karl V. im 16. Jh. inmitten der Alhambra den quadratischen **Palacio de Carlos V** errichten (erst im 20. Jh. fertiggestellt). Um einen Innenhof mit doppelstöckiger Säulengalerie angelegt, beeindruckt der Renaissancebau durch seine Monumentalität. Zwar spricht er nicht (wie der maurische Märchenpalast nebenan) alle Sinne an, doch das Museum der Schönen Künste und das Museum mit islamischer Kunst lohnen einen Besuch.

▶ LESESTOFF

In seinem Buch **Die Alhambra lesen** führt der Kunsthistoriker José Miguel Puerta Vílchez anhand der poetischen Inschriften an ihren Wänden durch die Geschichte der Alhambra.

INFOS/ÖFFNUNGSZEITEN

Alhambra: T 958 02 79 71, www. alhambra-patronato.es, Mitte März–Mitte Okt. tgl. 8.30–20, Nachtbesuch (anmelden) Di–Sa 22–23.30, sonst tgl. 8.30–18, Nachtbesuch Fr, Sa 20–21.30 Uhr. Einlass in den Nasridenpalast (ca. 20 Min. Fußweg vom Eingang) nur zur auf dem Ticket angegebenen Zeit. Die **Tickets** (▶ S. 80) sind oft weit im Voraus ausverkauft, über **Granada Card** (▶ S. 85) oder **Dobla de Oro** (19,65 €

inkl. Monumentos Andalusíes ▶ S. 75) gibt es evtl. zusätzliche Kontingente.

KULINARISCHES FÜR ZWISCHENDRIN

Wenn Sie schon nicht in diesem zum Nobelhotel umgebauten Kloster übernachten (€€–€€€), gönnen Sie sich zumindest einen Snack auf der wunderbaren Terrasse des **Parador de San Francisco** ❶ mit Blick auf das Alhambra-Gelände (tgl. 11–23.30 Uhr | €€).

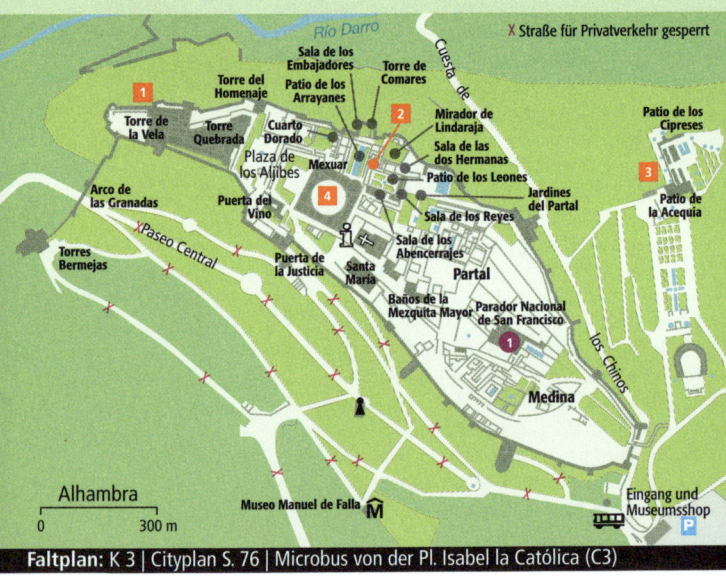

Da können die Augen vor lauter Staunen schon mal rund werden: Der rechteckige Löwenhof in den Nasridenpalästen soll mit seinem Wald aus 124 zierlichen Marmorsäulen Erinnerungen an einen Palmenhain in der Wüstenoase wachrufen.

Satt & glücklich

Flamencoabende
Mirador de Morayma ❷
Zum Bilderbuchblick auf die Alhambra passt die gute andalusische Küche. Gehobenes Restaurant mit Garten im Carmen de los Patos auf dem Albayzín.
Pianista García Carrillo 2, T 958 22 82 90, www.miradordemorayma.com, Di 19.30–22.30, Mi–Sa 12–22.30, So 12–18 Uhr, Do Flamenco-abende | €–€€

Tradition und Avantgarde
Damasqueros ❸
Wer frittierte Fische und typische Tapas nicht mehr sehen kann, ist hier richtig: Küchenchefin Lola Marín spielt in einer anderen kulinarischen Liga und kitzelt kreativ den Gaumen. Wöchentlich passt sie ihr Menü dem Saisonangebot an.
Damasqueros 3, Los Realejos, T 958 21 05 50, www.damasqueros.com | €€

Tisch oder Theke?
Los Manueles ❹
Mit der gleichen Begeisterung wie vor hundert Jahren werden hier andalusi-

sche Rezepte an den Gaumen gebracht. Oben sitzt man im Restaurant, unten werden Tapas serviert.
Reyes Católicos 61, T 958 22 46 31, www.losmanueles.es, tgl. 12–24 Uh | €

Sympathisch
Kiki San Nicolás ❺
Urige Taverne im Albayzín, die inspirierte Rezepte zubereitet wie Kalbslende mit

Nicht nur fleischlos, sondern auch ›bio‹ und ›regional‹ ist hier die Devise: Im **Páprika** ❻ im Albayzín wird sogar vegan gekocht (Cuesta de Abarqueros, 3, www.paprika-grana da.com, tgl. 13–16, 20–23.30 Uhr | €). Exquisite Rezepte aus aller Welt werden im **El Piano** ❼ im Realejo-Viertel auf Wunsch auch glutenfrei zubereitet, wöchentlich Live-Musik (Santiago 2, T 858 81 56 40, Mo 12–16.30, Di–So 12–23 Uhr | €).

Datteln und Pflaumen oder Petersfisch mit Soßenauswahl.

Pl. de San Nicolás 9, T 958 27 67 15, Do–Di Mai–Okt. 9.30–24/2, sonst bis 17.30 Uhr, Mo abends geschl. | €

Tapa-Vielfalt
Bodegas Castañeda ❽

Eine der klassischen Tavernen Granadas, in denen die Zeit stehen geblieben ist. Auch die iberischen Spezialitäten schmecken noch wie eh und je.

Almireceros 1–3, T 958 21 54 64, Mo–Do 11.30–1, Fr/Sa bis 2 Uhr |€

....

 Stöbern & entdecken

Bio-Produkte
Al Sur de Granada ❷

In der alten Stadtmauer bietet der stimmungsvolle Delikatessenladen kulinarische Spezialitäten: Olivenöl, Aufschnitt, Käse, Wein etc. In der angeschlossenen Tapa-Bar darf man alles verkosten.

Elvira 150, T 958 27 02 45, www.alsurdegranada.net, tgl. 9–23.30 Uhr

Gitarren
Casa Ferrer ❸

In Ana Durán Ferrers kleiner Werkstatt werden die Instrumente selbst gebaut – und das schon in der vierten Generation.

Cuesta Gomérez 26, www.guitarreriaca

Politisch engagiert – die Beschreibung passt auf Antonio Tabucchis Roman genauso wie auf den gleichnamigen Buchladen **Sostiene Pereira** ❹, in dem man nicht nur Bücher verkauft, sondern auch Lesungen und Konzerte organisiert (Horno de la Merced 4, T 958 27 18 18, www.sostienepereira.com, Mo–Fr 10.30–14, 17–20, Sa 10.30–14 Uhr).

saferrer.com, Mo–Fr 10–13.30, 17–20, Nov.–Mai auch Sa 11–13.30 Uhr

....

 Wenn die Nacht beginnt

Flamenco in Reinform
Peña La Platería ❶

Liveaufführungen meist Do u. Sa ab 22 Uhr (Eintritt 10 € inkl. Sangría). In einer der ältesten Peñas lassen Sänger, Tänzer und Musiker den Flamenco lebendig werden.

Placeta Toqueros 7, T 958 21 06 50, www.la plateria.org.es, Di–Sa 12–16, 20–23, So 12–16 Uhr | €

Teestuben
Calderería Nueva/ Calderería Vieja ❷

Diese Gassen sowie die nahe Placeta de San Gregorio gleichen einer Mischung aus arabischem Suq und Hippiemarkt. Zwischen bunten Läden vergnügt sich die jugendlich-alternative Szene von Granada in den *teterías* (Teestuben) und Bars.

Flamenco in all seinen Facetten
La Petenera ❸

Wenn im Innenhof des Palacio de los Olvidados (16. Jh.) die Gitarre gestimmt ist, der Sänger seine Stimme erhebt und die Absätze den Rhythmus vorgeben, wird die Show zur puren Gefühlssache.

Santa Inés 6, T 958 10 08 40, www.flamencola petenera.com, meist tgl. ab 20 Uhr, ab 17 €

....

INFOS
....

Oficina Municipal de Turismo: Pl. del Carmen s/n, im Rathaus, T 958 24 82 80, www.granadatur.com, Mo–Sa 10–19, So, Fei 10–14 Uhr
Turismo del Patronato Provincial: Cárcel baja 3, T 958 24 71 28, www.turgranada.es, Mo–Fr 9–19/20, Sa 10–19, So, Fei 10–15 Uhr
Turismo de la Junta de Andalucía: Santa Ana 2, T 958 57 52 02, www.andalucia.org, Mo–Fr 9–19.30, Sa, So, Fei 9.30–15 Uhr
Busse: Busbahnhof, Avda. de Juan

Ausgehen in Granada? Kein Problem! Es bleibt nur die Qual der Wahl. Nicht nur Studenten und Touristen feiern gern, auch die normalen granaínos hält es nicht lang zu Hause, wenn in der Bar die Gratis-Tapa zum Getränk wartet.

Pablo II s/n (Bus 21 und 33 ab Gran Vía-Catedral, Metro: Estación de Autobuses), www.alsa.es. Gute Verbindungen nach Almería, Málaga, Jaén, Córdoba, Sevilla etc., ▶ S. 112
Stadtbusse: Die Linien C31 und C32 fahren zum Albayzín, C 34 zum Sacromonte, C 30 und C32 zur Alhambra, www.movilidadgranada.com
Züge: Bahnhof an der Avda. de los Andaluces ▶ S. 112.

TERMINE

Festival Internacional de Música y Danza: Ende Juni/Anf. Juli, www.granadafestival.org. Musik- und Tanzfestival mit Künstlern aus der ganzen Welt, u. a. in der Alhambra und im Auditorio Manuel de Falla. Auch Flamenco.
Lorca y Granada: Ende Juli, Aug., www.lorcaygranada.es. Theater und Flamenco in den Generalife-Gärten inspiriert vom Werk García Lorcas.
Festival Internacional de Jazz: Nov., www.jazzengranada.es
Festival Jazz en la Plaza: im Sommer donnerstagsabends, www.cajagranada

fundacion.es, Pl. de las Culturas (Centro Cultural CajaGranada Memoria de Andalucía, Av. de la Ciencia 2), Eintritt frei

IN DER UMGEBUNG

Die Alpujarras: ▶ S. 86

GRANADA CARD

Der ein bis drei Tage gültige Touristenpass beinhaltet u. a. die Eintritte für Alhambra, Kathedrale, Königliche Kapelle, Cartuja-Kloster, San-Jerónimo-Kloster, Archäologisches und Ethnografisches Museum, Kunstmuseum, Cuarto Real und Wissenschaftspark sowie neun Fahrten im Stadtbus und je nach Auswahl auch die Monumentos Andalusíes (ab 36,50 €, Kinder 3–11 Jahre 10,50 €). Nur telefonisch oder im Internet zu bestellen: T 858 88 09 90 (9–20 Uhr), www.granadatur.com. Tag und Uhrzeit des Alhambra-Besuchs müssen beim Kauf festgelegt werden.

 # 12

R
RÜCKZUG

Wenn Ihnen mitten in den Alpujarras ein buddhistischer Mönch begegnet, sind Sie nicht in Dreharbeiten geraten, sondern haben einen Bewohner des **Centro de Retiro Budista Tibetano O Sel Ling** getroffen (Abzweig kurz vor Pampaneira, www.oseling.org).

W
WANDERN

Erschließen Sie sich die **Schlucht des Poqueira** zu Fuß: Vom alten Wanderweg, lange Zeit die einzige Verbindung zwischen den drei Dörfern des Tals, erkennen Sie die berberische Architektur und die Anlage der gekonnt bewässerten Terrassenfelder besonders deutlich (ganzjährig begehbarer Rundweg, ca. 6 km, 3–4 Std.).

Raues Gebirge, einsame Orte – **durch die Alpujarras**

Das Tor zum Paradies – wie mag es aussehen? Vielleicht versteckt es sich in den steilen und doch fruchtbaren Tälern am Südhang der Sierra Nevada. Wasserläufe aus den Bergen begünstigen zusammen mit dem milden Klima vom nahen Mittelmeer die Landwirtschaft. Nach der Reconquista entwickelten sich die Alpujarras zum letzten Rückzugsort der Muslime.

Jahrhundertelang lebte man hier in den kleinen Bergdörfern abgeschieden von der Außenwelt, im 20. Jh. entvölkerten mehrere Emigrationswellen die Gebirgstäler. Erst seit Kurzem bringen verbesserte Infrastruktur und immer mehr Reisende neues Leben in die Alpujarras.

Touristisch erschlossen

Von Granada erreicht man über Lanjarón auf schmalen Serpentinenstraßen das Poqueira-Tal unterhalb des Pico Veleta (3396 m). In viele der typischen Flachdachhäuser sind mittlerweile Souvenirläden eingezogen, die Decken und Teppiche verkaufen, wie sie hier einst gefertigt wurden. Heute stammen jedoch die meisten Produkte von außerhalb. Auf 1055 m Höhe sind Sie in **Pampaneira** ❶ angekommen, von wo aus die fast das ganze Jahr über verschneiten Gipfel der Sierra Nevada gut zu sehen sind. Im Besucherzentrum informiert ein Museum über die Alpujarras. In **Bubión** ❷ hat man vom Mirador del Revellín hinter der Kirche einen fantastischen Ausblick über das Tal. Auch der nächste Ort **Capileira** ❸ bietet auf 1500 m Höhe traumhafte Panoramasichten.

Ursprüngliches Dorfleben

Auf der Suche nach weniger vom Tourismus berührten Dörfern, in denen das Leben noch seiner traditionellen Gangart folgt, findet man in der Gemeinde La Taha zwischen den Flüssen Poqueira und Trevélez winzige Orte wie **Pitres** ❹, Mecina oder Ferreirola. Kurvenreiche Steilwege, sogenannte *escarihuelas,* schlängeln sich überall die Hänge hoch und führen zu verfallenen Gehöften oder versteckten Aussichtspunkten. Hier hat sich nichts verändert, seit die Nasriden in Granada herrschten. Über die Hauptstraße erreicht man auf 1650 m **Trevélez** **5**, Spaniens höchstgelegenes Dorf im Schatten des Mulhacén (3482 m).

Der Ort **Trevélez** ist berühmt für den in der Gebirgskälte getrockneten *jamón serrano.*

INFOS/ÖFFNUNGSZEITEN

Punto de Información: Pl. de la Libertad s/n, Pampaneira, T 958 76 31 27, www.nevadensis.com, Di–Sa 10–14, 16/17–18/19, So, Mo 10–15 Uhr
Servicio de Interpretación de Altas Cumbres: bei der Bushaltestelle an der Hauptstraße, Capileira, T 958 76 30 90, 671 56 44 06, im Voraus reservieren: https://www.reservatuvisita.es/en unter Suche ›siacsur‹, Frühjahr–Herbst tgl., sonst Di–So 10–14, 17–20 Uhr, Organisation von Touren in den Nationalpark Sierra Nevada, Minibus-Shuttleservice von Capileira zum Mirador de Trevélez und zum 2700 m hohen Alto del Chorrillo (Ostern–Anfang Dez. tgl. ca. 8.30, 11, 15 und 17.30, sonst je nach Wetterbedingungen, hin und rück 13/9 €)

BEIM ALM-ÖHI ZUHAUS

Fragen Sie im gemütlichen **Hostal Pampaneira** **1** nach Zimmern mit Bergsicht, ein Tipp ist das hauseigene Restaurant **Casa Alfonso** (Avda. de La Alpujarra 1, Pampaneira, T 958 76 30 02, www.hostalpampaneira.com | €). In der **Alquería de Morayma** **2** wohnen Sie absolut ruhig auf einem Bio-Bauernhof mit Weinanbau. Auch Apartments sowie Restaurant (A-348 Cádiar–Torvizcón, km 50, T 958 34 32 21, www.alqueriamorayma.com | €). Von der Natur überwältigt: So fühlt man sich im **Refugio de Poqueira** **3** auf 2500 m Höhe (T 958 34 33 49, www.

refugiopoqueira.com | €, Aufstieg von Capileira/Trevélez ca. 4 bis 5 Std.).

KULINARISCHES FÜR ZWISCHENDRIN

Das Landgasthaus **Casa Diego ›El Alpujarreño‹** **1** versorgt seine Gäste mit guter lokaler Küche (Pl. de la Libertad 3, Pampaneira, T 958 76 30 15, Mi – außer Juni–Sept. – sowie Ende Juni–10 Juli geschl. | €). Im urigen **El Corral del Castaño** **2** mit schöner Terrasse werden Alpujarra-Rezepte in großen Portionen aufgetischt (Pl. del Calvario 16, Capileira, T 958 76 34 14, Do–Di 13–16, 19.30–22.30 Uhr, Jan., Juli je 2 Wochen geschl. | €). Die Entdeckung der Schlichtheit haben die französischen Basken Brigitte und Michel zum Motto erhoben für ihr vegetarisches Restaurant **L'Atelier** **3**, auch Übernachtung möglich (La Alberca 21, Mecina-Fondales, T 958 85 75 01 | €).

Faltplan: L/M 4

Almería und das Cabo de Gata

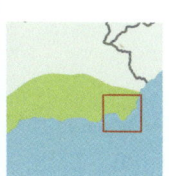 Augenwischerei braucht Authentizität, gerade deshalb drehen Kinoregisseure so gern zwischen den massiven Mauern der Alcazaba von Almería oder im Wüstenklima der Berge von Tabernas. Auch die einsamen Strände im Naturschutzgebiet Cabo de Gata sind Kulisse pur. Wenn hinter gigantischen Felsen Christian Bale barfuß auftaucht, wird der nächste Sandalenfilm schon plakatiert. Vor Millionen Jahren schufen ins Meer geflossene Lavaströme Fakten, die nicht leicht zu übersehen sind.

Almería

🗺 P 5, Cityplan S. 92

Angenehm normal sind sie geblieben, die Stadt und ihre rund 196 000 Einwohner – trotz der Touristenmengen, die ins nahe Aguadulce oder Almerimar strömen. Vielleicht trägt die lange Geschichte zur Entspanntheit bei, ist dies doch einer der ältesten Siedlungsplätze der Iberischen Halbinsel. Geprägt wurde Almería durch die arabischen Omaijaden, die sie nach der Stadtgründung im 10. Jh. zu ihrem wichtigsten Handelstor ausbauten und oberhalb der Medina die mächtige Alcazaba (1 – 13, ▶ S. 94) errichteten.

Wirtschaftlich dreht sich immer noch alles um den Hafen, in den auch Kreuzfahrtschiffe einlaufen, sowie um die Gemüsezucht und den Tourismus in der Umgebung.

WAS TUN IN ALMERÍA?

Kultur am Hafen

Die als Park verbreiterte **Calle Nicolás Salmerón** 14 lädt zu Spaziergängen.

**D
DENKMAL**

Das **Monumento a la Tolerancia** 16 erinnert an Tausende republikanische Spanier, die im Konzentrationslager Mauthausen zu Opfern der NS-Mordmaschinerie wurden. Für jeden der 142 Toten, die aus Almería stammen, steht im Parque de las Almadrabillas neben dem Cable Inglés eine Säule. Sie umringen das Abbild der perfiden Todesstiege, über die die Häftlinge riesige Granitblöcke schleppen mussten.

Sie beginnt unweit der alten Erzverladeanlagen, dem **Cable Inglés** 15, wo von 1904 bis 1970 die Waggonladungen aus der riesigen Eisenmine in Alquife auf Schiffe befördert wurden. Egal ob bei Tag oder – illuminiert – bei Nacht, dieses Schmuckstück der Industriearchitektur im Stil des Eiffelturms hat seinen eigenen Charme.

Folgt man der Palmenpromenade Richtung Zentrum, liegt bald rechts in einer Seitenstraße das **Centro Andaluz de la Fotografía (CAF)** 17, das in seinen Ausstellungen das Thema Fotografie aus einer interdisziplinären Perspektive beleuchtet (Pintor Diaz Molina 9, T 950 18 63 60, www.centroandaluzdelafotografia.es, tgl. 11–14, 17–21 Uhr, Eintritt frei). Ein paar Schritte weiter befinden sich Überreste der Stadtmauer aus Zeiten des Kalifats und **Ruinen einer römischen Pökelanlage** 18 (Parque Nicolás Salmerón/La Reina, T 697 95 34 45, Do, Sa 10–14 Uhr, Eintritt frei, öffentliche Führung Sa 12 Uhr).

Weltliches und Unterirdisches

Quirlig ist die richtige Beschreibung für den **Paseo de Almería** 19, die Arterie der Altstadt. Sie ist gut für einen Einkaufsbummel und zum Entspannen in den Terrassencafés. Die Promenade läuft auf den Platz Puerta Purchena zu. In der Nähe befindet sich der Eingang zu einem **Schutztunnel** 20 aus dem Bürgerkrieg, ein 1937/38 angelegtes, 9 m unter der Erde liegendes Tunnelsystem von 4,5 km Länge (Eingang: Pl. Manuel Pérez 8, am Kiosk Amalia, Ausgang: Pl. Pablo Cazard, T 950 26 86 96, www.almeriaculturaentradas.es, Di–Sa Aug. 10.30, 12, 18, 19.30, sonst 10.30, 13.30, 18, So 10.30, 13.30 Uhr, Eintritt nur mit Führung, 3/2 €, Tickets im Voraus kaufen oder online bestellen).

Aus der arabischen Ära stammen die Zisternen **Aljibes de Jayrán** 21. Im 11. Jh. unter dem Taifa-König Jayrán gebaut, versorgten sie die Stadt einst mit Wasser. Heute werden zwischen den Backsteinbögen Ausstellungen inszeniert (Tenor Iribarne s/n, T 950 27 30 39, www.almeriaculturaentradas.es,

Das Stadtbild von Almería ist nordafrikanisch geprägt: enge Gassen, alte weiße Häuser, Gärten und Palmenalleen. Und über all dem thront die maurische Festung, dort, wo man gut beobachten kann, welche Schiffe sich der Bucht nähern.

Di–Sa 10.30–13.30, 17/18–20/21, So 10.30–13.30 Uhr), zudem nutzt sie das Flamenco-Lokal **Peña El Taranto** (T 950 23 50 57, www.eltaranto.com).
In der Nähe der kleinen Plaza de las Flores liegen die sehenswerten Kirchen **Santiago el Viejo** 22 (16. Jh.) mit hohem romanischem Turm (Mo–Fr 9.30–12, 18–19 Uhr) und **San Pedro** 23 aus dem 15. Jh.

Spurensuche in der Altstadt
Entdecken Sie beim Bummel über die palmenbestandenen Plätze der Altstadt Zeugnisse verschiedener Kulturen und Epochen, die Almerías Geschichte prägten: Araber, Christen und industrielles Bürgertum. Der spätgotischen **Kathedrale** 24 mit Renaissanceportalen (16./17. Jh.) sieht man an, dass sie auch dem Schutz vor Überfällen berberischer Piraten dienen sollte (Pl. de la Catedral s/n, www.catedralalmeria.com, wechselnde Öffnungszeiten, 5 € inkl. Audioguide). Gleich hinter der Kathedrale kann man sich im interaktiven **Museo de la Guitarra** 25 über die Geschichte der Gitarre und die Rolle von Antonio de Torres

informieren, der von Almería aus den spanischen Gitarrenbau revolutionierte (Ronda del Beato Diego Ventaja s/n, T 950 27 43 58, www.almeriaculturaentradas.es, Di–Sa 10.30–13.30, 17/18–20/21, So 10.30–13.30 Uhr, 3/2 €).

Altes und neues Zentrum
Nördlich der Kathedrale entstand im 19. Jh. das neue wirtschaftliche und ge-

---

DREHORT ALMERÍA

An der Plaza de las Flores sitzt **John Lennon** 26, ein in Bronze gegossener Beatle mit Brille und Gitarre. 1966, während der Dreharbeiten zu »How I Won the War«, wohnte er im Cortijo Romero. Heute erinnert in der Villa am Stadtrand das Kinomuseum **Casa del Cine** 27 daran, dass Almería und Umgebung bei Locationscouts ganz oben auf der Liste stehen. Plaketten in der Stadt verweisen auf Filme, in denen die jeweilige Szenerie auftaucht.

ALMERÍA

sellschaftliche Zentrum rund um die Plaza de la Constitución. Eine Seite des Platzes nimmt das 1899 errichtete **Rathaus** 28 ein. Gegenüber lädt das **Centro de Interpretación Patrimonial** 29 seine Besucher ein, selbst aktiv zu werden, um in die Stadtgeschichte einzutauchen (T 671 09 99 81, www.almeriaculturaentradas.

es, Di–Sa 10.30–13.30, 17/18–20/21, So 10.30–13.30 Uhr, Eintritt frei).
Richtung Alcazaba werden die Straßen schmaler, die Gassen verwinkelter, man wähnt sich in der Zeit von al-Andalus. Die **Calle Almedina** 30 verband damals als Hauptstraße die Alcazaba mit der Medina. Ein kurzer Abstecher führt zur

Iglesia de San Juan **31** (San Juan s/n, Mo/Di, Do, Sa 19–20, So 11–12 Uhr, Eintritt frei), dort wo sich früher die Hauptmoschee Almerías erhob. In der Kirche wird die Fusion der Kulturen greifbar, in Form der Mihrab, einer Wandnische, die für Muslime die Gebetsrichtung gen Mekka anzeigt.

MUSEEN, DIE LOHNEN

Menschheitsgeschichte
Museo de Almería **32**
Der preisgekrönte moderne Museumsbau zeigt vor allem archäologische Funde aus den prähistorischen Siedlungen

13

Zitadelle über dem Meer – **die Alcazaba von Almería**

Riesig thront die Burg auf einem Felsplateau fast hundert Meter über der Stadt. Es braucht ein wenig Fantasie, um diesen Schatz in Trümmern zum Leben zu erwecken. Doch zwischen den Überresten von Palästen, Moscheen und Badeanlagen erahnt man die Bedeutung, die Almería in maurischer Zeit besaß.

Schon bald nach der Gründung im Jahr 955 durch Abd al-Rahman III., den Kalifen von Córdoba, wuchs Almería zu einer der wichtigsten Städte von al-Andalus heran. Das Zentrum der einst ummauerten Medina bildete die Alcazaba, mit ihren mehr als 1400 m² Fläche zählt sie zu den bedeutendsten islamischen Bauwerken Spaniens.

Geschützter Zugang

Durch die Calle Almanzor kommt man zum Eingang der Festungsanlage. Die **Puerta de la Justicia** 1 wurde im 20. Jh. im typischen Nasridenstil rekonstruiert. Rechts davon steht der beeindruckende Spiegelturm, die **Torre de los Espejos** 2 aus der Mitte des 13. Jh.

Erster Burgbereich

Der erste und größte Burgbereich diente militärischen Zwecken und war zugeich Rückzugsort für die Bevölkerung im Belagerungsfall. In seiner Mitte sieht man die Reste einer **Zisterne** 3. Heute befinden sich in diesem Teil Gartenanlagen, an deren Nordrand das älteste Stück Burgmauer (10./11. Jh.) erhalten ist. Von hier aus hat man einen schönen Blick auf die gut erhaltene **Muralla de Jayrán** 4. Diese städtische Befestigungsmauer, die bis zum San-Cristóbal-Hügel reicht, wurde Anfang des 11. Jh. unter der Herrschaft des Taifa-Königs Jayrán errichtet. Sie grenzt an den Barranco de la Hoya, eine weite Talmulde, in der man heute die Gehege des Parks zum Schutz der Tierwelt der Sahara sieht.

T
TAIFA

In Folge des Zerfalls des Kalifats von Córdoba entstanden in al-Andalus muslimische **Kleinkönigreiche**, die man *taifas* nannte. Die Taifa von Almería gehörte zu den bedeutendsten, sie bescherte der Stadt ihre Glanzzeit im 11. Jh. Besonders förderten die Taifa-Könige das Kulturleben, der intensive Austausch mit dem Maghreb war in Poesie und Musik zu spüren. Auch das Töpferhandwerk und die Seidenverarbeitung erlebten eine Blüte.

Zweiter Burgbereich

Den zweiten Burgbereich betritt man entweder durch den **Südturm** 5 oder durch den **Nord-turm** 6. Zwischen den beiden verläuft die Mauer der Nachtwachenglocke, in deren Mitte ein kleiner **Glockenturm** 7 aus der Zeit Karls III. zu sehen ist. Hinter dieser Mauer liegt der ehemalige Palastbereich mit archäologischen Überresten aus verschiedenen Epochen. Direkt an die Mauer grenzen die **Zisterne des Kalifen** 8 sowie die **Schlosskirche San Juan** 9. Sie nimmt die Stelle der ehemaligen Moschee der Alcazaba ein.

Die Alcazaba war nicht nur Festung, sondern auch Wohnstatt der Herrscher.

Die Ausgrabungen im nördlichen Bereich zeigen die besterhaltenen Überreste eines Taifa-Palastes. Errichtet wurde er unter al-Mutasim (11. Jh.) auf Überresten aus früherer Zeit, sein Ausbau erfolgte bis in die nasridische Epoche. Hervorzuheben sind die **Bäder** 10, die **Torre de la Odalisca** 11 sowie der **Arco Califal** 12.

Dritter Burgbereich

Der dritte Burgbereich, eine dreiecksförmige Schlossanlage aus dem 15./16. Jh., unterscheidet sich deutlich von den anderen. Um die Verteidigung der Stadt sicherzustellen, wurden um den Waffenhof herum Mauern mit runden Türmen aus Hausteinmauerwerk gebaut. Auffällig ist die **Torre del Homenaje** 13 mit dem Wappen der Katholischen Könige über dem spätgotischen Portal, die das Centro Andaluz de la Fotografía als Ausstellungsraum nutzt.

INFOS/ÖFFNUNGSZEITEN
Alcazaba: Almanzor s/n, T 950 80 10 08, www. museosdeandalucia.es, Di–Sa April–Mitte Juni 9–21, Mitte Juni–Mitte Sept. 9–15, 19–22, Mitte Sept.–März 9–18, So, Fei 9–15 Uhr, 1,50 €, für EU-Bürger Eintritt frei

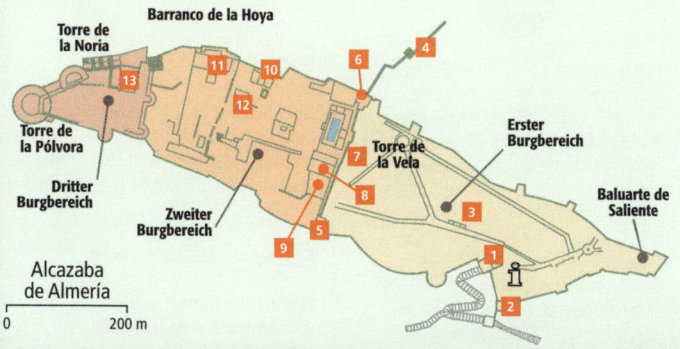

Barranco de la Hoya

Torre de la Noria

Torre de la Pólvora

Dritter Burgbereich

Zweiter Burgbereich

Torre de la Vela

Erster Burgbereich

Baluarte de Saliente

Alcazaba de Almería

0   200 m

Los Millares (▶ S. 97) und El Argar.
Der 3. Stock ist der Römerzeit und der
islamischen Herrschaft gewidmet.
Ctra. de Ronda 91, www.museosdeandalucia.es,
Di–Sa 9–21, So, Fei 9–15 Uhr, Eintritt frei

SCHLEMMEN, SHOPPEN, SCHLAFEN

🏠 **In fremden Betten**

Manieristischer Stil
Hotel Catedral
Das modern eingerichtete Stadthaus
von 1850 ist ein Schmuckstück am
palmenbestandenen Kathedralplatz.
Pl. de la Catedral 8, T 950 27 81 78, www.
hotelcatedral.net | €

Westernhelden wohnten hier
Hotel La Perla
Ein Pionier des Tourismus in Almería in
absolut zentraler Lage, mit Cafeteria.
Pl. del Carmen 7, T 950 23 88 77, www.hotella
perla.es | €

🍴 **Satt & glücklich**

Edler Rahmen
La Encina ❶
Mediterrane Küche: neben Reis- und
Fischspezialitäten köstliche auf Steinen

Die Teestuben **Almedina** ❷ (Paz 2,
www.teterialmedina2.wordpress.com,
tgl. 12–23 Uhr | €) und **Almedina
Baraka** ❸ (Almanzor 27, www.
facebook.com/Almedinabaraka,
Mi–So 11.30–23 Uhr | €) vermitteln
ein Lebensgefühl: Am plätschern-
den Brunnen oder auf der Terrasse
unterhalb der Burg genießt man
maghrebinische Gastfreundschaft bei
original marokkanischen Gerichten
und arabischen Süßigkeiten. An beiden Orten samstags Livekonzerte.

gegrillte Steaks. Tapas an der Theke.
Marín 16, T 950 27 34 29, Di–Sa 12–16.30,
20–24/1, So 12–16.30 Uhr | €–€€

🛍️ **Stöbern & entdecken**

Einkaufen wie anno dazumal
Markthalle
Shoppen in schön renovierter Eisen-Zie-
gel-Konstruktion vom Ende des 19. Jh.
Circunvalación Ulpiano Díaz 14, Mo–Fr 9–15,
17–20.30, Sa 9–15 Uhr

☀️ **Wenn die Nacht beginnt**

Cocktails von Meisterhand
Burana ✴️
Bar mit DJ-Vibes im klassizistischen
Gebäude des Teatro Cervantes. Auch
outdoor höchst angesagt. Die Filmcrew
von »Game of Thrones« feierte hier.
Paseo de Almería 56, tgl. ab 15 Uhr bis nachts

🏃 **Sport & Aktivitäten**

Wellness orientalisch
Al Hammam Almeraya ❶
Mit Massage und Aromatherapie. Live-
musik in der beliebten Teestube.

Perea 9, T 950 23 10 10, www.almeraya.
info, Do–So 11–20 Uhr, Tetería Do–So 10–14,
16–23.30 Uhr, ab 18 €/90 Min. Programm

INFOS

Oficina de Turismo: Pl. de la Cons-
titución s/n, T 950 21 05 38, www.
turismodealmería.org, Di–Sa 10–14,
17–20, So, Fei 10–14 Uhr
Oficina Junta de Andalucía: Parque
Nicolás Salmerón/Martínez Campos,
T 950 17 52 20, Mo–Fr 9–15, Sa, So,
Fei 10–15 Uhr, evtl. auch nachmittags
Flughafen: ▶ S. 110
Busbahnhof: Estación Intermodal, Pl.
de la Estación s/n, T 950 17 36 02,
▶ S. 112
Bahnhof: Estación Intermodal, Pl. de la
Estación s/n, T 912 32 03 20, ▶ S. 112
Fähren: ▶ S. 113

TERMINE

Romería de la Virgen del Mar: 1.
oder 2. So im Jan. Wallfahrt zum Strand
Noche de San Juan: 23./24. Juni, Fest-
stimmung in der Zone El Palmeral
Feria: Ende Aug. Fr–So, Stadtfest mit
Flamenco, Konzerten, Folklore-Festival

IN DER UMGEBUNG

Zurück in die Kupferzeit
Ausgrabungen der ersten ummauerten
Stadt Spaniens: **Los Millares** (◫ P 4)
war 3200–2200 v. Chr. bewohnt (AL-
3411, km 7–8, bei Santa Fe de Mondú-
jar, T 677 90 34 04, www.andalucia.
org, Mi–So 10–14 Uhr, Eintritt frei,
Führungen nach tel. Anmeldung).

Im Wilden Westen
Weite Landstriche im **Naturpark
Desierto de Tabernas** (◫ P 3/4) sind
im wahrhaftig Wüste. Kulissenstädte erinnern hier an den Dreh von Westernfilmen:
Oasys MiniHollywood mit Tierreservat
(Karte 2, P 4, A-92, km 376, T 950 33 53
35, www.oasysparquetematico.com, Mitte April–Okt. tgl. ab 10 Uhr, Schließungs-

OLIVEN

Seit einigen Jahren wachsen Oliven-
bäume in der Wüste von Tabernas.
Mehr darüber erfahren Sie in der
Ölmühle **El Castillo de Tabernas**
(N-340a, km 480, T 950 52 50
48, www.aceitecastillodetabernas.
es, Mo–Sa 10–13, Fei geschl., mit
Verkostung, Eintritt frei, Besuch vorher
anmelden) sowie im Restaurantmuse-
um von **El Oro del Desierto,** einem
Hersteller von Bio-Ölen (N-340a, km
474, T 950 61 17 07, www.orodel-
desierto.com, Fr–Mi 9–18 Uhr).

zeiten variieren, Nov.–Mitte April Sa, So,
Fei 10–18 Uhr, 22,90/13,60 €), **Western
Leone** (A-92, km 378, T 950 16 54 05,
www.western-leone.es, tgl. 10–19/20
Uhr, 12/6 €) und **Fort Bravo** (N-340a,
km 468, T 902 07 08 14, www.fortbravo.
org, wechselnde Zeiten, 19,40 €, Ju-
gendl./Senioren 15,90 €, Kinder 9,90 €,
auch geführte Ausritte).

Fort Bravo:
Filmkulisse alter Western

Feinsandige Strände
In den großen Ferienzentren **Roquetas
de Mar** und **Aguadulce** (beide ◫
O 5) im Südwesten von Almería
säumen neben Hotels und Apartment-
anlagen unendlich viele Restaurants
die palmenbestandenen Promenaden.
In Sommernächten locken die Lokale
rund um den eleganten Sporthafen
von Aguadulce sogar die Einwohner
Almerías an.

Mit Stränden, Sumpfland, Dünen und Salinen bildet **Punta Entinas-Sabinar** (🗺 O 5) ein einzigartiges Ökosystem, in dem zwischen wilden Pistazien- und Wacholderbüschen unterschiedlichste Vögel nisten. Das Naturschutzgebiet lernt man am besten auf einer Radtour kennen (Radverleih: Nahia, Av. de Playa Serena 196, Roquetas de Mar, T 628 45 06 26, https://bicicletas-alquiler-nahia.negocio.site, tgl. 9–14, 17–23 Uhr, ab 12 €/Tag).

Unberührte Bergdörfer

In den traditionsverbundenen Dörfern der **Alpujarra Baja** (🗺 N–O 4) geht das Leben einen ruhigeren Gang. Von Alhama de Almería führt der Weg zwischen der Sierra de Gádor und den Ausläufern der Sierra Nevada nach Westen und bietet landschaftliche Kontraste: Während im grünen Tal des Río Andarax Orangen, Mandeln und Wein gedeihen, zeigt sich drumherum eine erodierte Mondlandschaft. Der kleine Ort **Canjáyar** ist von Reben umgeben, dazu von Olivenbäumen, deren Früchte in der ortseigenen

---

EIN MEER AUS PLASTIKFOLIEN

Die Provinz Almería besitzt die weltweit größte Ansammlung von **Gartenbaubetrieben.** Zwischen Bergen und Küste bedecken sie über 300 km² in einem bis zu 15 km breiten Streifen, der sich über rund 70 km bis zur Costa Tropical in der Provinz Granada zieht. Unter riesigen Kunststofffolien gedeiht, was in ganz Europa die Kochtöpfe füllt. Würde man alle Gewächshäuser aneinanderreihen, erstreckten sie sich von Almería bis Berlin.

Ölmühle gepresst werden. Kurz vorher führt ein Abstecher nach **Ohanes,** das für seine Trauben berühmt ist. In **Laujar de Andarax** lohnt der Naturpark El Nacimiento, 1,5 km vom Dorf, einen Abstecher (Besucherzentrum Ctra. C-332 Laujar–Ugíjar, Km 1, T 950 51 55 35, Juli, Aug. Do–So 9–14, sonst Fr, So 10–14, Sa 10–14, 16–18 Uhr, auch Wanderkarten sind hier erhältlich). Nach einem Spaziergang am Fluss kann man sich in einem der Ausflugslokale stärken.

San Miguel de Cabo de Gata

🗺 Q 5

Ewige Ruhe mit Blick aufs Meer, diesen letzten Wunsch kann man sich auf dem Friedhof von San Miguel de Cabo de Gata erfüllen. Schützend baut sich am nahen Strand ein Wehrturm aus dem 18. Jh. auf.

Salzgärten und Schnatterenten

Vorbei an küstennahen Salinen samt kristallenen Bergen, Aussichtsplattformen und Vogelbrutplätzen gelangt man in die Fischersiedlung **Almadraba de Monteleva,** wo im Sand noch hölzerne Boote dösen. Das einsame weiße Kirchlein für die Salinenarbeiter wirkt in dieser Mondlandschaft wie ein vergessenes Spielzeug.

Rund um den Leuchtturm

Auf dem Weg zur Südspitze des Cabo de Gata passiert man das winzige **La Fabriquilla,** zwischen weiß getünchten Häusern und maritimen Tavernen wird der Zauber der Gegend greifbar. Hinter dem **Leuchtturm** (19. Jh.) ragt der Arrecife de las Sirenas aus dem Wasser; an den Klippen und der gegenüberliegenden Halbinsel **Punta Baja** mit ihren Basaltformationen ist der vulkanische Ursprung des Achatkaps besonders deutlich zu erkennen. Die kleinen Buchten entlang der Felsküste sind nur zu Fuß zu erreichen.

🍴 Mit Meerblick
La Goleta

Reis- und Grillgerichte sind die Spezialitäten des Hauses, im Original auf
Fischbasis, aber ganz nach Wunsch auch
mit Fleisch oder vegetarisch/vegan.
Paseo Marítimo s/n, T 950 37 02 15, Di–So
12–18, Juli, Aug. auch 20.30–22.30 Uhr | €

INFO

**Centro de Interpretación de las
Amoladeras:** Ctra. AL-3115, km 7, tgl.
10–14 Uhr. Inmitten eines Feldes von
Agaven, einer für die Gegend typischen
Pflanze, informiert das Besucherzentrum
über das Ökosystem im Biosphärenreservat Cabo de Gata.

San José ⌖ Q 5

**Ideal als Standort, um die unver-
baute Felsküste und das western-
taugliche Hinterland zu erkunden.
Das an einer Bucht gelegene Dorf
mit kleinem Fischerhafen hat sich
zum bedeutendsten touristischen
Zentrum der Gegend gemausert.
Trotzdem ist San José überschau-
bar geblieben, ein netter Ort.**

Entspannte Trips

In der Umgebung gibt es reizende
Buchten, so die nördlich gelegene **Cala
Higuera,** ein ruhiger kleiner Sand-
strand mit Restaurant. San José ist auch
Ausgangspunkt für Ausflüge zu den
traumhaften Stränden **Playa de Mónsul**
und **Playa de los Genoveses** im Süden
(▶ S. 100). Landeinwärts, in Pozo de
los Frailes, kann man ein nasridisches
Schöpfrad bewundern, das bis 1983 in
Betrieb war.

🏨 Blau-weiß
Hotel Doña Pakyta

Oberhalb des Strandes mit spektakulärem Blick über die Bucht. Helle, freundliche Atmosphäre, auch im Restaurant.
Correo 51, T 950 61 11 75, www.playasycorti
jos.com | €–€€

*Dünn besiedelte Gegenden wie der
Naturpark Cabo de Gata sind ideal, um
die Milchstraße zu beobachten.*

GOURMET-GLÜCK

Meine gastronomischen Tipps in
San José: **Vesuvius** mit neapolitani-
schem Koch am Hafen (T 950 38 04
49, Di–So 13–16, 19–22 Uhr, Okt.
u. März geschl. | €); das Bio-Restau-
rant **El Jardín,** in dem gut und gern
vegetarisch gezaubert wird (Calle
Puerto Deportivo, Local 8, T 654 32
54 73, www.facebook.com/el.jar
din.eco | €); **Il Brigantino** wegen
hochwertiger Pizza und Pasta sowie
durchgehender Öffnungszeiten
(Entrada 53, T 950 38 02 70 | €);
die **Casa Miguel en Tierra de
Cine** (Ronda de San José 45, T 950
38 03 29, www.casamiguelen-
tierradecine.es | €), weil's hier so
herrlich (film-)verrückt ist, und die
Taberna Casa Pepe aus Aussichts-
und Fischgründen (Correos 79, T
950 38 08 57 | €). Achtung: Man-
che Lokale öffnen zwischen Herbst
und Frühjahr nur an Wochenenden
oder haben zeitweise sogar ganz
geschlossen.

Filmreife Strände – mit dem Rad zum Cabo de Gata

Man müsste neue Namen erfinden – für all die unterschiedlichen Farbtöne der vulkanischen Felsen und versteinerten Dünen hier. Vielleicht ist es sogar eine neue Welt, ein ferner Planet, auf dem Sie ausgesetzt wurden? Lassen Sie sich Zeit, das unbekannte Habitat zu erkunden. Am besten auf zwei Rädern, dem Wind trotzend.

Rund 500 m vom Zentrum von San José beginnt die gut ausgeschilderte Schotterpiste zu den Buchten Richtung Cabo de Gata. Zu Beginn ist der Weg recht steil, es kann anstrengend werden, wenn der Wind von vorne kommt. Nach ein paar hundert Metern ragt eine alte **Windmühle** 1 auf. Sie steht auf einem Hügel, von dem aus der Blick über eine fruchtbare Talmulde schweift, in die zwischen Felder und Pflanzungen hier und da kleine Häuser und Bauerngehöfte eingesprengelt sind. Campillo de los Genoveses nennt sich die Gegend, sie verdankt ihren Namen hier gestrandeten Piraten und Seeleuten aus Genua.

Playa de los Genoveses

Etwa 2 km nach Beginn der Tour kommt man hinter einer weitläufigen Feigenkakteen-Plantage zum Parkplatz der **Playa de los Genoveses** 2, ohne Zweifel der schönste Strand am Cabo de Gata. Gräser, Agaven und Aloen sind die dominante Vegetation, der Duft der im Naturpark allgegenwärtigen aromatischen Kräuter liegt in der Luft. Hier stellt man sein Fahrrad ab, um durch die Dünenzone zum Sandstrand hinunterzuwandern. Wenn das Wetter es erlaubt, ist dies der perfekte Ort zum Baden oder Schnorcheln, zu jeder Jahreszeit lädt er zu Spaziergängen ein. Der Farbton des Sandes bildet einen reizvollen Kontrast zum Weiß des Morrón de los Genoveses, eines großen Felsens, der die Bucht Richtung Süden abschließt. Der Felsvorsprung auf der anderen Seite des Strandes heißt Ave María.

Die Sonne malt Muster auf den Meeresgrund, so klar ist das Wasser am Cabo de Gata.

Die Windmühle an dieser Strecke ist eine der besterhaltenen im ganzen Naturpark. Einst gab es am windumtosten Cabo de Gata rund 200 Flügelwesen, doch heute liegen die meisten in Trümmern: die traurigen Überreste einer der reichsten **Mühlenindustrien** Spaniens.

Playa de Mónsul

Nach weiteren 2 km wird eine Wanderdüne erreicht, hinter der sich die **Playa de Mónsul** `3` erstreckt: ein Traum, vollkommen einfach und überwältigend großzügig, eine Landschaft, die Raum für Emotionen bietet. Am östlichen Ende des Strandes zieht eine versteinerte ›Welle‹ die Aufmerksamkeit auf sich. Diese **La Peineta** `4` (Steckkamm) genannten Überreste erstarrter Lava trotzen hier Tag für Tag Wind und Wellen.

Den feinen dunklen Sandstrand, an dem gern nackt gebadet wird, begrenzen Felsen aus vulkanischem Gestein, Basalt und Andesit, die Schutz vor dem Wind bieten. Dieser einzigartige Ort wird häufig als Filmkulisse genutzt, z. B. taucht er in »Indiana Jones und der letzte Kreuzzug« mit Harrison Ford und Sean Connery auf.

Cabo de Gata

Die Radtour muss nicht in Mónsul enden, vom Parkplatz geht der Weg weiter. Ab Mónsul ist die Strecke für Autofahrer gesperrt, Radfahrer müssen sich auf einige Steigungen und Abfahrten gefasst machen. Nach etwa 2 km erreicht man die **Torre de la Vela Blanca** `5`, einen Aussichtsturm auf einem Felsen. Kurz dahinter befinden sich der Leuchtturm und der eigentliche **Cabo de Gata** `6`, übersetzt nicht ›Katzenkap‹, sondern ›Achatkap‹, da er ursprünglich Cabo de Ágata hieß.

Vom Morrón de los Genoveses führen verschiedene Pfade zur Steilküste oder zu abgeschiedenen Buchten: zur Cala Amarilla, Cala Grande und Cala del Borrona. Mein Liebling ist die einsame **Cala del Lance** `7`, 200 m feiner Sand zwischen bizarren Felsformationen und verschachtelten Basaltsäulen.

Die **Wanderdüne** an der Playa de Mónsul ändert je nach Windverhältnissen ständig ihre Form. Da sie unter absolutem Naturschutz steht, darf man sie nicht betreten.

INFOS

Genaue **Karten** gibt es beim Informationsbüro in San José (▶ S. 102).
Zufahrt: Die Parkplätze an den Stränden sind in der Saison kostenpflichtig (5 €/Tag). Als Alternative verkehren Pendelbusse von San José (wechselnde Betriebszeiten, hin und rück 4 €).
Radverleih in San José: Deportes Medialuna, Del Puerto 7, T 667 22 48 61, www.medialunaventura.com; 10 €/ halber Tag, 20 €/Tag, Mountainbike 25 €/Tag, auch geführte Rad- oder Wandertouren

Faltplan: Q 5

LETZTES NATURPARADIES

Das gleißende Sonnenlicht, die aride, stellenweise wüstenhaft anmutende Landschaft, stachelige Agaven mit riesigen Blütenstängeln lassen im Südosten der Provinz Almería die Nähe Afrikas fühlbar werden. Zu Wasser wie zu Lande steht der **Naturpark Cabo de Gata-Níjar** (🗺 Q–R 4–5) unter Schutz, um den großen Tier- und Pflanzenreichtum zu bewahren. Hier gibt es keinen Massentourismus, sondern die letzten kleinen Fischerdörfer. Und keine endlosen Strände, sondern viele versteckte Felsbuchten. Keine Großhotels, sondern individuelle Herbergen.
Busse von Almería: Consorcio de Transporte Metropolitano, T 955 03 86 65, http://siu.ctal.es, M-212 nach San José und La Isleta del Moro, M-213 nach Agua Amarga, M 202 nach San Miguel de Cabo de Gata/La Fabriquilla, M 203 nach Níjar, Las Negras und Rodalquilar

🏠 **Ruhige Lage im Landesinneren**
Hospedería Rural Los Palmitos
Altes Landgut mit familiärem Ambiente und Pool. Auch Apartments.
Ctra. San José–Los Escullos, km 0,5, Pozo de los Frailes, T 950 38 00 94, www.hospederialospal mitos.com Nov., Jan., Feb. teilw. geschl. | €–€€

🍴 **Exquisite Reisgerichte**
La Gallineta
Das Landrestaurant mit Terrasse kocht nach traditionellen Rezepten.
An der Hauptstraße in Pozo de los Frailes, T 646 51 58 68, Juli, Aug. tgl., sonst Di–Sa 13.30–15.30, 21–23, So 13.30–15.30 Uhr, Mitte Okt.–Mitte März geschl. | €€

🌀 **Tauchen**
Isub San José
Der Cabo de Gata ist berühmt für Tauchgebiete wie Punta del Cuervo.
Babor 3, T 950 38 00 04, www.isubsanjose. com, ab 33 €/Tauchgang

❶ **Infos**
Oficina de Información del Parque Natural: Grupo J 126, Avda. de San José 27, T 950 38 02 99, www.cabode gata-nijar.com, tgl. 10–14, im Sommer auch 16–21 Uhr. Internet-Café, Bücher, Karten, lokale Produkte etc. Außerdem Infos zu Wander- und Radtouren, Küsten- und Unterwassersport sowie Unterkünften.

IN DER UMGEBUNG

Miniweiler am Meer
In **Los Escullos** (🗺 R 5) sind die Reste eines bemerkenswerten Kastells aus dem 18. Jh. Gelegentlich ist der abgeschiedene, eigentlich ruhige Strand Treffpunkt von Jugendlichen, die die Nacht durchmachen.
Auf dem weiteren Weg an der Küste entlang passiert man das Fischerdörfchen **La Isleta del Moro** (🗺 R 5). Etwas weiter Richtung Rodalquilar erlaubt der Felsen des **Mirador de la Amatista** einen unvergesslichen Panoramablick über die magisch anmutende Küste.

Fischerboot in La Isleta de Moro

🍴 **Bekannt gut in La Isleta del Moro**
La Ola
Das in Familientradtion geführte Restaurant bereitet selbst gefangene Fische köstlich zu, z. B. die *cuajadera de pescado*, ein Eintopf aus dem Ofen.
Peñón Blanco s/n, La Isleta del Moro, T 950 38 97 58, www.laolarestaurante.es, im Sommer tgl. 9.30–18, 20–00.30, im Winter Mi–Mo 9.30–16.30/17, Fr, Sa auch 20–23 Uhr, Okt., Nov. geschl. | €

Je mehr Touristen, desto mehr Müll. Für Abhilfe sorgen Freiwillige, die im Namen von **Nichtregierungsorganisationen** Strände säubern. Nähere Auskunft zu ihren Aktionen erhält man an den Infoständen bei La Isleta de Moro oder im Internet: www.facebook.com/Clean-Ocean-Project-Cabo-De-Gata-1695463907404620, www.agataverde.com und www.cabodegata.net.

Im Landesinnern

In **Los Albaricoques** (🗺 Q 5) ist nichts zu sehen vom Strandtourismus oder Gemüseanbau unter Plastikfolien. Hier erinnert alles an die Spaghetti-Western, und es würde einen nicht wundern, geräte man in eine Schießerei zwischen Clint Eastwood und Lee van Cleef. An diese Zeiten erinnert der Hausherr Manuel, indem er sein **Hostal Rural Alba** mitsamt Restaurant praktisch als Filmmuseum präsentiert (Calle los Martínez 4, T 950 52 52 72, www.hostal-alba.com | €).

🍺 Bio-Bier
Alborán
In der Mikrobrauerei der Brüder Egea ist alles nachhaltig organisiert: Sie bauen die Gerste für ihr Craft Beer selber an, organische Abfälle bekommt der Esel und das (entsalzte) Wasser stammt aus dem Meer. Falls Sie mehr wissen wollen, nehmen Sie an einer Gratisführung mit Verkostung im hübschen Hof teil.
Cortijo El Campillo de Doña Francisca, zwischen Los Albaricoques und El Cortijo del Fraile, T 664 56 37 38, www.cervezaalboran.es.

🏠 Ökologische Ferienhäuser
Alte Gehöfte inmitten einer wüstenartigen Landschaft wurden liebevoll restauriert und mit allem Komfort ausgestattet, den es für einen erholsamen

Urlaub braucht: Der **Cortijo el Campillo** verfügt über fünf Doppelzimmer mit Bad und Terrasse sowie ein Apartment für 4 Pers. (Los Albaricoques, T 950 52 57 79, 650 37 04 16, www.elcampillo.info | €–€€). Der **Cortijo la Tenada** bietet zwei Ferienwohnungen für 2–6 Pers. (Valle del Hornillo, Fernán Pérez, T 670 60 77 28, www.latenada.es | €–€€).

Rodalquilar 🗺 R 5

Bizarr erscheinen die Ruinen am Ortsausgang der alten Bergarbeitersiedlung, heute trifft man statt auf Goldgräber zuweilen auf Kamerateams, denn die 1966 stillgelegten Minenanlagen werden als Filmkulissen genutzt, z. B. für Ridley Scotts Bibelverfilmung »Exodus«. Ansonsten geht es ruhig zu, inspirierend für die Künstlergemeinde in Rodalquilar, zu erkennen an ihren bunten Häusern.

Blühende Oase
Sehenswert ist der Botanische Garten **El Albardinal** (im Winter Di–Fr 9–14, Sa, So, 10–14, 16–18, im Sommer Di–So 10–13, 18–20.30 Uhr, Eintritt frei) mit Kulturpflanzen, Palmen und Kakteen, die im Tiefland von Almería oder in den Küstengebirgen gedeihen.

Nicht weit von Rodalquilar liegt das Anwesen **El Cortijo del Fraile,** das aktuell wiederaufgebaut wird. Hier ereignete sich in den 1920er-Jahren ein Mordfall, der zwei bekannte Schriftsteller inspirierte: Carmen de Burgos schuf als Reaktion auf diese reale Begebenheit den Roman »Puñal de claveles« und Federico García Lorca schrieb zum selben Thema das Theaterstück »Bluthochzeit«.

🍷 Für jeden Geschmack

Verhungern muss hier auch keiner, durch die Gassen bummelnd findet man nette Bars und gute Restaurants wie **El Barecillo, Bar Fidel, La Tasquilla** oder **El Cinto.**

··

IN DER UMGEBUNG

··

Buchten und Burgen

Von der Straße Richtung Las Negras zweigt ein Weg zu einem der schönsten Strände des Naturparks ab, dem **Playazo de Rodalquilar** (🗺 R 5), ›bewacht‹ vom Castillo de San Ramón. Unterwegs passiert man die Ruinen der **Torre de los Alumbres,** eines Turms von 1509. Wer Bewegung braucht, wandert über die Klippen gen Norden und erreicht so den Campingplatz in der **Cala del Cuervo** (🗺 R 4) bei Las Negras.

Tauchstation

Auch unter Wasser sehr beliebt ist die Bucht von **Las Negras,** das Fischerdorf lebt heute größtenteils vom Tourismus

Im friedlichen Bauerndorf **Fernán Pérez** werden die Bürgersteige nur runtergeklappt, wenn sich an jedem 1. Sonntagmorgen im Monat der Dorfplatz neben der Bar La Plaza in einen Markt mit interessanten Fundstücken verwandelt.

und wirkt im Sommer schon überlaufen. Mit Blick auf den geheimnisvollen Cerro Negro lässt man sich Reisgerichte, Fisch und mediterrane Rezepte schmecken, z. B. im **Las Barcas** (Paseo Marítimo s/n, T 637 400 454, www.restaurantelas barcas.es, tgl. 9–24 Uhr | €) oder im romantischen **La Palma** (T 950 38 80 42, www.lapalmalasnegras.com, tgl. 9–16, 20.15–23 Uhr | €).
Eine wunderbare Wanderstrecke führt von hier über die Küstenfelsen zur **Cala de San Pedro** (▶ S. 106).

Eine Landschaft, die Sie sich am besten erwandern, damit genug Zeit bleibt, die wunderschönen Panoramen zu genießen. Hier schweift der Blick vom Mirador de la Amatista bei Rodalquilar über die Küstenlinie Richtung La Isleta del Moro.

Agua Amarga

📖 R 4

Eine Minenbahn, die es nicht mehr gibt, verlieh der Küstensiedlung Bedeutung. Trotz Touristen ist das Dorf am Rande des Naturparks Cabo de Gata ein ruhiger Ferienort geblieben. In den Restaurants an der feinsandigen Bucht gehört Meerblick zur Grundausstattung.

Geschichten aus dem Leuchtturm

Richtung Carboneras lohnt der **Faro de la Mesa Roldán** den Besuch nicht nur wegen des Panoramas. Geschichten über die Gegend erfährt man vom Leuchtturmwächter Mario Sanz, der sein Wissen auch schon in Buchform veröffentlichte. Schmale Felspfade bringen Sie zur **Playa de los Muertos,** deren türkisblaues Wasser im Sommer viele Badegäste anlockt.

Versteinerte Dünen

Ein Wanderweg führt zur südlich gelegenen **Cala de Enmedio** und weiter zur **Cala del Plomo,** zwei Buchten, die nur zu Fuß und per Boot zu erreichen sind.

🏠 Ökologisches Landgut

Cortijos La Joya
Liebevoll im maurischen Stil gestaltete Unterkunft: ein Apartment (zwei Pers.) sowie zwei *cortijos* (je zwei bis vier Pers.) mit Grillstelle und Pool.
Crta. Carboneras–Agua Amarga km 3,5, Barrio La Joya, T 619 15 95 87, www.lajoyadecabodegata. com, mind. 2 Nächte, Juli, Aug. 5 Nächte | €€

ÜBRIGENS

Von Agua Amarga dem Flüsschen Rambla de los Viruegues folgend gelangen Sie zu einem der **ältesten Olivenbäumen** Spaniens, schon über 1500 Jahre hat er auf dem Kerbholz.

Níjar 📖 Q 4

Die Struktur eines arabischen Dorfes lässt sich besonders im oberen Ortskern noch gut erkennen. Die weiß gekalkten Häuser samt Mauerresten der ehemaligen Alcazaba und eines Wehrturms liegen umgeben von Gemüsegärten, Mandelbäumen und Orangenhainen in den Ausläufern der Sierra de Alhamilla, 26 km von San José entfernt.

Leben auf dem Dorf

Das Ortszentrum bilden die Mudejarkirche mit einer Artesonado-Decke im Innern sowie die Glorieta, der Dorfplatz mit Rathaus, Restaurants und Cafés. Hier und da sieht man noch einen alten Webstuhl und im Töpferviertel die traditionellen Brennöfen.

KUNSTHANDWERK

Gewebte Decken und handgemachte Töpferwaren werden in vielen Geschäften in Níjar angeboten. Am besten bummelt man einfach durch die **Calle Real de las Eras** und die **Avenida Federico García Lorca.** Die Keramik aus Níjar erkennt man an der Glasur in den Farben Blau und Grün. Einige Künstler kann man in ihren Werkstätten besuchen, z. B. Baldo García (Real de las Eras 108, Rafael Granados (Nr. 104), Ángel und Loli (Nr. 31), Isabel Soler und Mattheu Weir (La Tienda de los Milagros, Pocico 9).

IN DER UMGEBUNG

Andalusien pur

Womit mögen Sie die Häuschen am Berg festgeklebt haben, fragt man sich beim Anblick von **Huebro** (📖 Q 4). Zu Fuß ist es über die ›Ruta del Agua‹ an alten Mühlen vorbei etwa eine Stunde.

Jenseits der Zivilisation – **Cala de San Pedro**

 # 15

Wer hat nicht schon von vollkommener Freiheit geträumt? In Andalusien gilt die Hippiekolonie in der Cala de San Pedro als Synonym dafür: im Einklang mit der Natur leben, der einzige Besitz das, was man am Körper trägt, als Dach das Sternenzelt und als Wand die Steilfelsen. Das Gras für den Joint selbst angebaut. Obwohl die Bucht nur zu Fuß oder übers Wasser zu erreichen ist, kann es auch im Himmel auf Erden manchmal voll werden …

Eine Wanderung vom Ort Las Negras zur Bucht von San Pedro gehört zu den bewegendsten Eindrücken, die man von einem Besuch des Naturparks Cabo de Gata mitnehmen kann. Die Anstrengungen der Tour zwischen Anhöhen und Klippen werden belohnt durch grandiose Aussichten und die betörende Ruhe der Natur.

Zwischen Felsen und Meer

Die Hauptstraße von Las Negras teilt den Ort in zwei Hälften und endet am Meer. An der letzten Abzweigung vor dem Strand links ist der Beginn unserer Wanderung ausgeschildert. Vom anfangs recht steinigen Weg blickt man zunächst auf den belebten Strand von **Las Negras** 1 (▶ S. 104). Aber schon nach ein paar Minuten wandelt sich die Szenerie vollkommen: Nun herrscht Stille, nur unterbrochen von Vogelschreien und Windgeräuschen. Mit Ausnahme der Hochsaison im Sommer wird diese Strecke sehr wenig begangen.

Der **Cerro Negro** 2, ein Felsbrocken vulkanischen Ursprungs, der die Bucht mit 180 m Höhe überragt, dient als Wegweiser, während man sich den Klippen nähert. Nach einer Linkskurve zwängt sich der Weg durch einen Engpass. Unterwegs sollte man sich umdrehen, um auf der anderen Seite von Las Negras die Cala del Cuervo zu betrachten sowie – unter Zuhilfenahme eines Fernglases – das Castillo de San Ramón auszuma-

Leben leicht – einfach da sein, das Farbspiel wirken lassen, ein paar Steine sammeln.

chen, das den Strand von El Playazo de Rodalquilar überragt. Am Ende der Schlucht macht der von duftenden Kräutern gesäumte Weg eine große Kurve. Hier sieht man nun wieder das Wasser, kristallklar schimmernd unterhalb der Steilküste.

Windgeschützte Bucht

Der Weg verwandelt sich in einen Pfad, der zwischen Felswänden aus porösem Gestein nicht allzu steil ansteigt. Bald erkennt man die Stelle, wo sich der Pfad im Zickzack zwischen den Klippen hinunter zur **Cala de San Pedro** 3 schlängelt. Diese Bucht bot schon immer Seefahrern eine Zuflucht. Ihre auf dem Landweg unzugängliche Lage sowie die permanent sprudelnde Süßwasserquelle – die einzige am gesamten Cabo de Gata – machten sie auch für Piraten attraktiv. Deshalb entstanden dort, wo man heute ein halb verfallenes **Kastell** 4 mit einem runden Turm erblickt, schon sehr früh Befestigungsanlagen. 1583 errichtete man einen Turm auf den Überresten eines Bauwerks aus nasridischer Zeit (13. Jh.). Die Anlage wurde durch verschiedene Erdbeben teilweise zerstört und im 18. Jh. wieder aufgebaut.

Leben als Aussteiger

Die einsame Bucht ist das ganze Jahr über bewohnt. Verfallene Häuser wurden in respektable Unterkünfte verwandelt, mit einer illegalen Bar verdienen die Bewohner etwas Geld.

F FREIHEIT

Offiziell ist nur der Strand der Cala de San Pedro frei zugänglich, der Rest der Bucht befindet sich in **Privatbesitz.** Deshalb gibt es immer wieder Auseinandersetzungen zwischen den Bewohnern und dem Eigentümer. Glücklicherweise wurden die verheerenden Bebauungspläne nie bewilligt. So konnte es sich bis jetzt erhalten, dieses letzte Fleckchen Mittelmeer in Reinzustand, an dem auch Nudisten sich ganz frei fühlen.

INFOS

Planung: Zur Cala de San Pedro sollte man von Las Negras aus etwa 1 Std. 30 Min. einplanen, will man weiter bis nach Agua Amarga, ist die gesamte Strecke etwa 12 km lang und in 4 Std. 30 Min. gut zu schaffen.
Boote: Vom Strand in Las Negras fahren auch kleine Boote zur Cala de San Pedro (im Sommer tgl. 10–20 Uhr, sonst unregelmäßig, hin und zurück ca. 12 €) und auf Nachfrage auch zur Cala de Enmedio (▸ S. 105).

Mojácar 🗺 R 3

Immer noch hat ein Spaziergang durch die krummen Gassen dieses weißen Dorfs etwas Magisches, wenngleich Mojácar recht touristisch geworden ist. Die Häuser stapeln sich auf einem Hügel der Sierra de Cabrera. Nicht zu übersehen sind im Zentrum die zahlreichen Bars, Restaurants und Läden mit Kunsthandwerk. Am Fuß des Dorfs erstrecken sich schöne Strände mit Hotels und Ferienanlagen.

Wehrhafte Stadt

Zu den Überresten der Stadtmauer gehört die **Puerta de la Ciudad;** das 1574 errichtete Stadttor mit dem Stadtwappen war ein Geschenk der Habsburger-Könige. Herrlich ist der Ausblick vom Mirador an der Plaza Nueva und von den Ruinen des **Castillo.** An der **Fuente Mora,** dem Mauren-Brunnen mit zwölf Wasserspeiern, soll die arabische Stadt einst an die Christen übergeben worden sein. Die **Iglesia de Santa María** (nur während der Messen geöffnet), ein kompakter Bau aus dem Jahr 1560, gehörte vermutlich zuvor in Teilen schon zu einer Moschee.

🏠 Von Bougainvilleen gerahmt
Pensión El Torreón
Dieses einfache B & B entfaltet mit seiner traditionellen Einrichtung einen historischen Charme.
Jazmín 4, T 722 33 29 83 | €

T
TIPP

Eine Handvoll Häuser, die weißen Wände versteckt in einem Blütenmeer, so kuschelt sich **Sopalmo** (🗺 R 3) an die Hänge der Sierra Cabrera. Ein paar freundliche Bars, ein Bachbett, das nach 2 km zur einsamen Bucht Cala de la Granatilla führt – was braucht es mehr?

🏠 Wie im Schloss
Mamabel's
Juan Carlos Raths und seine Frau führen das Familientradition in diesem bezaubernd am Hang klebenden Haus mit sieben Zimmern weiter. Göttliches Frühstück mit hausgemachtem Gebäck.
Embajadores 4, T 950 47 24 48, www.hotel mamabels.com | €–€€

🍴 Marrokanisch
Calima
Das exzellente Restaurant begeistert durch seine authentische Küche und die große Außenterrasse.
Pl. del Arbollón 2, T 608 80 73 31, www.calima mojacar.com, tgl. 11–16, 19–24 Uhr | €

🍴 Kreative Küche
La Candela
Die farbenfrohe Deko hebt automatisch die Stimmung und es schmeckt nochmal so gut. Neben Fisch und Fleisch auch Vegetarisches als Tellergericht oder Tapa.
Pl. Nueva s/n, T 647 72 43 67, Mi–Mo 12–15.30, 19/20–23 Uhr | €

❶ Infos & Termine
Oficina de Turismo: Pl. del Frontón s/n, T 950 61 50 25, www.mojacar.es, Mo–Sa 9.30/10–14, 17–20 Uhr

IN DER UMGEBUNG

Großer Hafen, gute Küche
5 km von Mojácar liegt **Garrucha** (🗺 R 3), das für seine *gambas* (Krabben)

Ein Symbol für die Schrecken der Immobilienspekulation an der Küste ist die Hotelleiche **Algarrobico** am gleichnamigen Strand in Carboneras. Die Gerichte haben ihren Abriss entschieden, aber noch ist nichts geschehen. Und das ist nicht die einzige Bauruine im Naturpark Cabo de Gata, auch die **Torre de Macenas** in Mojácar mahnt nur noch als Gerippe.

berühmt ist. Lecker zubereitet werden sie im **Escánez** (Paseo Marítimo 38 | €–€€) oder im **Rincón del Puerto** (Explanada del Puerto s/n | €). Exquisite mediterrane Küche finden Sie landeinwärts, in der **Terraza Carmona** (Del Mar 1, www.terrazacarmona.com, | €–€€) in **Vera Pueblo**.

Strände südlich von Mojácar
Vobei an der **Torre del Pirulico** (1526) geht es in die Buchten von **Bordenares** und **Sombrerico** (📖 R 4, 15 km von Mojácar), wo vor 50 Jahren »Die Schatzinsel« mit Orson Welles gedreht wurde.

Kunsthandwerk und Karsthöhlen
Nahtlos aufgereiht hängen die Häuser des Töpferortes **Sorbas** (📖 Q 3, 33 km von Mojácar) an den Felsen. Das **Centro de Visitantes Los Yesares** (Terraplén s/n, T 950 36 45 63, www.juntadeandalucia.es, wechselnde Öffnungszeiten) informiert über das nahe Karstgebiet. Lohnend ist der 4,5 km lange geologische Rundgang (Führungen: **Natur Sport Sorbas**, T 950 36 47 04, www.cuevasdesorbas.com, ab 15/10,50 €).

Unser Dorf soll schöner werden
Die Bewohner halten **Lucainena de las Torres** (📖 Q 4) samt des Minenviertels gut in Schuss. Die 45 km lange Zufahrt über die N-340a von Mojácar ist angenehmer als die kürzere Zickzackstrecke von Níjar. Die ersten 15 km der **alten Zugstrecke** Richtung Agua Amarga kann man heute auf der ›Via Verde‹ per Fahrrad oder wandernd zurücklegen (www.viaverdelucainenadelastorres.org).

Riesige Gasblase im Gestein
Europas größte begehbare **Geode** (8 x 2 m) wurde 1999 in einer Mine 50 km von Mojácar entdeckt. Von innen ist sie mit transparenten Gipskristallen ausgekleidet (Poligono S-AG2A,33, Pulpí, www.geodapulpi.es, im Sommer 8.30–13.30, 15–20 Uhr, sonst kürzer, 22 €)

Spannend wird Kunsthandwerk, wenn man zugucken darf, wie es entsteht, manchmal gibt es sogar Kursangebote

Hin & weg

....

ANREISE

Flughafen Málaga–Costa del Sol

7 km von Torremolinos und 8 km von Málaga entfernt, Avda. García Morato s/n, T 913 21 10 00 (Info/Service). Apotheken, Postschalter, Wechselschalter, Polizeistation und Mietwagenfirmen.
Weiterfahrt vom Flughafen: Der Nahverkehrszug C-1 hält am Flughafen ▶ S. 112 (1,80–3,60 €, bis Málaga-Zentrum oder Torremolinos ca. 10 Min.). Busse der Linie A-Express nach Málaga-Zentrum (ca. 4 €, ca. 15 Min), Avanzabus ungefähr stdl. nach Marbella (ab 6,15 €, ca 45 Min.). Taxis: Flughafenzuschlag 5,50 €, Fahrten ins Zentrum von Málaga oder Torremolinos kosten ca. 20 €, nach Marbella 62–73 € und nach Nerja ca. 65 € (Radio Taxi Málaga, T 952 04 04 04, 952 33 33 33).

Flughafen Almería

8 km östlich der Stadt, Ctra. de Níjar, T 913 21 10 00.
Weiterfahrt in die Stadt: Alle 60–90 Min. verkehrt der Bus Nr. 30 ins Zentrum, Haltestelle am Bahnhof (1,05 €, Dauer ca. 35 Min). Für Taxis gilt ein Flughafenzuschlag von 4,81 €. Fahrten ins Zentrum kosten ca. 20 €.

Mit Bahn und Bus

Die Anreise mit dem Zug ist von Mitteleuropa aus mit mehrfachem Umsteigen verbunden. Europabusse steuern verschiedene Städte Andalusiens direkt an. Je nach Ziel benötigen sie 25–30 Std. Studenten reisen günstiger.

Mit dem Auto

Die meisten Fahrer werden die gebührenpflichtige Küstenautobahn benutzen. Die autobahnartig ausgebauten *autovías* in Andalusien sind gebührenfrei.
Einreisebestimmungn

Es ist ein gültiger Personalausweis oder Pass mitzuführen, das gilt auch für Kinder. Schweizer können ohne Visum bis zu drei Monate im Land bleiben, Besucher aus EU-Ländern unbegrenzt. Für EU-Bürger ist die Ein- und Ausfuhr von Waren für den persönlichen Bedarf nicht beschränkt. Nicht-EU-Bürger müssen die Zollvorschriften beachten: Als Mengen für Einkäufe in Duty-Free-Shops gelten z. B. 200 Zigaretten und 1 l Spirituosen.

INFORMATIONSQUELLEN

Spanische Fremdenverkehrsämter
10787 Berlin: Lichtensteinallee 1, T +49 30 882 65 43, berlin@tourspain.es
60323 Frankfurt a. M.: Myliusstr. 14, 4. Stock, T +49 69 72 50 33, frankfurt@tourspain.es
80051 München: Postfach 15 19 40, T +49 89 53 07 46-11, -12 munich@tourspain.es
1010 Wien: Walfischgasse 8, T +43 1 512 95 80-11, viena@tourspain.es
8008 Zürich: Seefeldstr. 19, T +41 44 253 60 50, zurich@tourspain.es

In fast allen Orten an der Costa del Sol gibt es eine **Oficina de Turismo,** in der man Ortspläne, Infos zu Öffnungszeiten und Events, Busfahrpläne und viele Broschüren zu Sportangeboten o. Ä. erhält.

Im Internet
Länderkennung Spanien: es
www.spain.info/de: Offizielle Seite des spanischen Fremdenverkehrsamtes
www.andalucia.org: Offizielle Website von Turismo Andaluz
www.visitcostadelsol.com: Offizielle Seite des Tourismusverbands
www.costanachrichten.com: Online-Ausgabe der Zeitschrift ›Costa del Sol Nachrichten‹
www2.cruzroja.es/que-hacemos/ socorros/playas: Information über aktuelle Bedingungen an den Stränden, auch über barrierefreie Zugänge etc.

KLIMA UND REISEZEIT

Die Costa del Sol ist sonnensicher und warm. Besonders schön ist das Reisen bei milden Frühjahrs- und Herbsttemperaturen, also von ca. Mitte März bis Ende Juni und von September bis in den November hinein. Über Ostern sind viele Hotels ausgebucht. Zur Hauptsaison im Juli und August kann es recht heiß werden und an den Stränden eng. Im Schnitt ist das Sommerpublikum jünger als das Winterpublikum.

REISEN MIT HANDICAP

Viele Hotels, Museen und touristische Geschäfte sind auf Reisende mit Handicap eingerichtet, ebenso die meisten Strände und Freizeiteinrichtungen. Im Netz findet man konkretere Informationen unter www.predif.org oder www.tur4all.es (auch auf Deutsch).

SPORT & AKTIVITÄTEN

Höhlenerkundungen

Die Höhlen von Sorbas in der Provinz Almería und die Cueva del Hundidero-Gato bei Ronda sind für Exkursionen besonders beliebt. Erkundigen Sie sich bei der Federación Andaluza de Espeleología (www.espeleo.es). Besonders sehenswert sind auch die riesige Tropfsteinhöhle Cueva de Nerja (► S. 64) sowie die Cueva de la Pileta mit prähistorischen Malereien in der Nähe von Ronda (► S. 53) sowie die Cueva del Tesoro in Rincón de la Victoria.

Radfahren

Allzu viele Radverleiher gibt es noch nicht, in größeren Orten finden sich jedoch einige, manchmal auch auf Campingplätzen. Für das Hinterland ist wegen der Steigungen generell ein Mountainbike erforderlich. Die Leihgebühren pro Tag beginnen bei ca. 15 €. Das Cabo de Gata ist zum Radeln ebenso zu empfehlen wie die alte Bergstraße

zwischen Almuñécar und Granada (60 km) durch das Tal des Río Verde oder die ›Via Verde‹ von Lucainena in Richtung Agua Amarga (► S. 109).

Reiten

Andalusien ist ein Land der Pferde. An der Küste wie im Hinterland besteht die Möglichkeit, zu reiten oder an einem organisierten Ausritt teilzunehmen. Reitvereine *(clubs hípicos)* bieten vielerorts neben Reitunterricht auch Shows mit andalusischen Pferden an. Wer ein Pferd leihen möchte, muss dafür ca. 30 € pro Stunde ausgeben.

Tauchen

Die besten Tauchreviere befinden sich rund um La Herradura in Almuñécar, an der Playa de los Muertos in Carboneras und – besonders hervorzuheben – am Cabo de Gata. Die dortigen Tauchclubs organisieren Tauchgänge in Gruppen sowie Tauchkurse. Ein Tauchtag kann um 50 € kosten. Nähere Infos bei der Federación Andaluza de Actividades Subacuáticas (T 950 27 88 24, www.faas.com.es).

Wandern

Die Steilküsten der östlichen Costa del Sol und des Cabo de Gata sowie die küstennahen Gebirge der Sierra Subbética lassen die Herzen ambitionierter Wanderer höher schlagen. Eine Wanderung im Torcal de Antequera ist wegen der bizarren Landschaft ein Muss (► S. 32). In den Oficinas de Turismo erhält man Infos zu ausgeschilderten Wanderwegen. Gute Tipps für Wanderer hält die Oficina de Turismo in Nerja bereit. Am Cabo de Gata bietet die Oficina de Información del Parque Natural en San José ausgezeichnete Gebietskarten an. Für Wanderungen in der Sierra Nevada bzw. in den Alpujarras sind die Villas Turísticas empfehlenswerte Ausgangspunkte, auch weil sie Karten und Toureninfos bereithalten. Schauen Sie auch in den Band »DuMont Aktiv: Wandern in Andalusien« von Jürgen Paeger, der auch die private Website www.wandern-in-andalusien.de betreibt.

ÜBERNACHTEN

Ob Luxushotel oder Pension, Apartment oder Campingplatz: In einem einfachen Hostal kann man schon für rund 50 €/Nacht ein Doppelzimmer finden, nach oben ist die Skala offen. Einzelzimmer kosten 70–80 % eines Doppelzimmers, ein zusätzliches Bett im Zimmer ca. 30 % Aufschlag. Oft gibt es Sonderangebote, bei längeren Aufenthalten kann man über einen Nachlass verhandeln. Die Preise sind saisonabhängig. Am teuersten ist die Karwoche und die Hauptsaison *(temporada alta)* im Juli, August. Nebensaison *(temporada media)* ist von April bis Juni und von September bis November, im Rest des Jahres, *temporada baja*, sind Zimmer unschlagbar günstig. Die **Preiskategorien** in diesem Buch (Doppelzimmer mit Frühstück):

€ bis 70 Euro
€€ 70 bis 130 Euro
€€€ über 130 Euro

Ferien auf dem Land: Häuser, Wohnungen und Zimmer vermietet man in den typisch weißen Dörfern im Hinterland tageweise, wochenweise und sogar für mehrere Monate. Infos und Reservierungen: www.serraniaronda.org, www.raar. es, www.casasruralesalmeria.com, www. toprural.com

Der Umwelt zuliebe: Wasser ist in Spanien ein extrem knappes Gut, viele Hotels weisen zu Recht darauf hin. Der sparsame Umgang mit Wasser hilft der Umwelt. Ökoprodukte und aus der Region stammende Lebensmittel erkennen Sie an der Kennzeichnung *producción ecológica.*

VERKEHRSMITTEL

Bahn
Klimatisierte Nahverkehrszüge der Linie C-1 fahren von 5.20/6.10 bis 23.30/0.20 Uhr im 20-Min.-Takt von Málaga-Zentrum über den Hauptbahnhof und Flughafen nach Westen die Küste entlang bis Fuengirola. Eine weitere Linie führt ins Landesinnere nach Álora (C-2). Im Übrigen sind die Zugverbindungen nach Sevilla, Córdoba, Madrid und Barcelona gut. An der Umsteigestation Bobadilla treffen die Linien nach Málaga, Córdoba, Granada, Algeciras und Ronda zusammen. Am neuen Bahnhof Antequera-Santa Ana kreuzt sich die Hochgeschwindigkeitsstrecke nach Madrid mit den Verbindungen in verschiedene andalusische Städte.
Information und Kartenverkauf: an den Schaltern der RENFE-Bahnhöfe (T 912 32 03 20). Unter www.renfe.es findet man alle Zugverbindungen und Preise für ganz Spanien.
Preise: 100 km kosten ca. 12–17 €, Hin- und Rückfahrt ca. 10–20 % günstiger. Ermäßigung bei Online-Buchung mindestens zwei Wochen im Voraus.

Busse
Die Verbindungen entlang der Küste und zwischen den andalusischen Städten sind sehr gut und relativ preiswert. In größeren Städten gibt es einen zentralen Busbahnhof mit eigenen Schaltern der Busgesellschaften.
Verbindungen im Umland der Städte: T 955 03 86 65, Málaga (https:// ctmam.es), Almería (https://ctal.es), Granada (https://ctagr.es).
Alsa: T 902 42 22 42, www.alsa.es, Ziele: Málaga, Sevilla, Granada, Córdoba, Almería, Cabo de Gata, östliche Costa del Sol, Costa Tropical, Alpujarras.
Los Amarillos: T 902 21 03 17, www. losamarillos.es. Ab Málaga tgl. nach Álora, Carratraca und Ronda.

DIE SCHÖNSTEN STRÄNDE

Acantilados de Maro-Cerro Gordo (▶ S. 68), Cabopino (▶ S. 41), La Cala del Moral (▶ S. 27), La Carihuela (▶ S. 36), Playa de Cantarriján (▶ S. 69), Playa de los Genoveses (▶ S. 100), Playa de Mónsul (▶ S. 101), Playa de los Muertos (▶ S. 105). Auch die Strände von Roquetas (▶ S. 97), z. B. die Playa Serena, sowie der Playazo de Vera (𝄜 S 3) nördlich von Mojácar sind empfehlenswert.

Autobuses Bernardo: T 950 25 04 22, www.autocaresbernardo.com. Von Almería nach San José und La Isleta del Moro am Cabo de Gata.

Avanzabus: T 902 45 05 50, www.avanzabus.com. Alle Gemeinden der westlichen Costa del Sol und die Strecke nach Ronda.

Schiffe

Ausflüge nach Nordafrika: Die Gesellschaft Trasmediterránea (T 917 36 99 57, www.trasmediterranea.es) setzt täglich mit Fähren und Schnellbooten von Málaga (Estación Marítima, local E-1) nach Melilla über. Von Almería (Puerto Marítimo) fahren Schiffe nach Melilla und Nador. Von Algeciras, Tarifa und Gibraltar werden Ausflüge zur spanischen Exklave Ceuta sowie nach Tanger in Marokko angeboten.

·····················

VERKEHRSREGELN
·····················

Höchstgeschwindigkeit ist in geschlossenen Ortschaften auf einspurigen Straßen 30 km/h, auf zweispurigen 50 auf Landstraßen 90, auf Fernstraßen 90, auf Autobahnen 120 km/h. Es besteht Gurtpflicht. Die Alkohol-Promillegrenze für Führerscheinneulinge liegt bei 0,3, sonst bei 0,5. Das Fahren unter dem Einfluss anderer Drogen wie Haschisch oder Kokain ist natürlich verboten. Gelbe Markierungen am Straßenrand bedeuten Parkverbot. Die Höhe des Bußgelds reduziert sich um 50 Prozent bei Zahlung innerhalb von 20 Tagen. Vor unübersichtlichen Kurven sollten Sie zur Sicherheit hupen!

·····················

WICHTIGE NOTRUFNUMMERN
·····················

Allgemeiner Notruf: 112; Ambulanz: 061; Rotes Kreuz: 900 22 11 22, 950 25 71 66 (Almería), 952 22 22 22 (Málaga); Guardia Civil: 062, Polizei: 091 oder 092; Feuerwehr: 080.

Deutsche Konsulate: 04720 Aguadulce/Almería, Centro Comercial Neptuno, Avda. Carlos III 401, T 950 34 05 55,

┌─────────────────────────────┐
│ **AUTOS IN DER ALTSTADT**
│
│ In den historischen Zentren vieler Städte, wie z. B. Granada, Málaga, Almería, Antequera, Estepona, Mijas, Marbella oder Ronda, ist die Zufahrt für PKW stark reglementiert. In der Regel ist es erlaubt, private oder öffentliche Parkplätze anzusteuern, für die Zufahrt zu Hotels in den **gesperrten Zonen** muss meist eine Autorisierung von der Unterkunft selbst vorliegen.
└─────────────────────────────┘

Mo–Fr 9–13 Uhr; 29006 Málaga, Mauricio Moro Pareto 2, T 952 36 39 58; www.spanien.diplo.de, tel. Sprechstunde Mo–Do 8–13, 14.30–16, Fr 8–13 Uhr.

Österreichisches Konsulat: 29001 Málaga, Alameda de Colón 26, 2° izquierda, T 646 06 09 72, www.bmeia.gv.at, Di, Do 11–13 Uhr.

Schweizer Konsulat: Madrid, T 914 36 39 60, www.eda.admin.ch/madrid, außerhalb der Öffnungszeiten (Mo–Fr 9–13 Uhr) Band mit Notfallnummer.

Bei EC-/Kreditkarten- oder Handyverlust: T +49 116 116, bitte halten Sie Ihre Kreditkartennummer, IBAN und BIC bzw. Handynummer bereit!

┌─────────────────────────────┐
│ **SICHERHEIT UND DIEBSTÄHLE**
│
│ Diebstähle können telefonisch auf Deutsch beim **SATE** (Servicio de Atención al Turista Extranjero) unter T 902 10 21 12 angezeigt werden (tgl. 9–15, auf Englisch bis 21 Uhr). Doch muss man die schriftliche Bestätigung (z. B. für die Versicherung) im nächstgelegenen Polizeikommissariat abholen. SATE-Büros gibt es in Málaga, Pl. de la Marina 11, T 951 926 161; Estepona, Pl. de las Flores, T 952 809 000; Marbella, Pl. de los Naranjos, T 952 761 100. Am Strand sollte man das Auto immer auf einem bewachten Parkplatz abstellen (ca. 15–20 €/Tag).
└─────────────────────────────┘

O-Ton Costa del Sol

Register

Das Klima im Blick
Reisen bereichert und verbindet Menschen und Kulturen. Wer reist, erzeugt CO_2. Der Flugverkehr trägt mit bis zu 10 % zur globalen Erwärmung bei. Wer das Klima schützen will, sollte sich – wenn möglich – für eine schonendere Reiseform entscheiden oder die Projekte von atmosfair unterstützen. Flugpassagiere spenden einen kilometerabhängigen Beitrag für die verursachten Emissionen und finanzieren damit Projekte in Entwicklungsländern, die dort den Ausstoß von Klimagasen verringern (www.atmosfair.de). Auch die Mitarbeiter des DuMont Reiseverlags fliegen mit atmosfair!

Abbildungsnachweis

akg-images, Berlin: S. 120/7 (Album/sfgp)

Manuel García Blázquez, Madrid: S. 5, 97, 109

DuMont Bildarchiv, Ostfildern: S. 46 (Selbach)

Fotolia, New York (USA): S. 63 (Bruev); 68 (cineuno); 53 (joserpizarro); 34/35 (Pabkov); 33 (pacoparra)

Getty Images, München: S. 49, 83 (360cities.net/Davilla); 39 (AFP/Guerrero); 21 (Blazquez Dominguez); Titelbild, Faltplan (de Zeeuw)

iStock.com, Calgary (CA): S. 70 (alittlething); 14/15 (Andronov); 41 (Bendea); 26 (Bruev); 81 o., 100 (caracterdesign); 4 u. (Daviles); 29 (Eachat); 30, 56/57 (García Aunión); 66 (Salsera); 78, Umschlagklappe vorn (Sunychka); 54 (syolacan); 8/9 (VR-Studio); 74 (Zheka-Boss)

laif, Köln: S. 85, 95 (Bialobrzeski);17 (Gumm)

Mauritius Images, Mittenwald: S. 104 (age fotostock/Azumendi); 58 (age fotostock/Davies); 88/89, 91 (age fotostock/Leiva Nicolas); 102, 106 (age fotostock/Sierra); 81 u. (age fotostock/Toczynski); 72/73 (age fotostock/Vallecillos); 24 (age fotostock/Wasek); 120/5 (Alamy/ART Collection); 120/8 (Alamy/Moberly); 64 (Alamy/Wild Place/Howes); 11 (foodcollection); 7 (Pixtal); 4 o., 23 (Sánchez Pereyra); 36, 120/4 (United Archives); 99 (Westend61/Pueyo Ruiz)

picture-alliance, Frankfurt a.M.: S. 120/6 (akg-images/Dieuzaide); 120/2 (dpa); 120/3 (Effigie/Leemage); 120/1 (World Pictures/Photoshot)

Shutterstock.com, Amsterdam (NL): Umschlagklappe hinten (Pabkov)

Wikimedia Commons: S. 120/9

Zeichnungen: S. 5 (Antonia Selzer, Lörrach); S. 3 (Gerald Konopik, Fürstenfeldbruck)

Kartografie

DuMont Reisekartografie, Fürstenfeldbruck
© DuMont Reiseverlag, Ostfildern

Umschlagfotos

Titelbild: Blick vom Balcón de Europa in Nerja
Umschlagklappe hinten: Calle Molina Lario in Málaga mit Kathedrale im Hintergrund

Hinweis: Autor und Verlag haben alle Informationen mit größtmöglicher Sorgfalt geprüft. Gleichwohl erfolgen alle Angaben ohne Gewähr. Infolge der Corona-Pandemie kann es darüber hinaus zu kurzfristigen Geschäftsschließungen und anderen Änderungen vor Ort gekommen sein. Bitte schreiben Sie uns! Über Ihre Rückmeldung zum Buch und Verbesserungsvorschläge freuen sich Autor und Verlag:
DuMont Reiseverlag, Postfach 3151, 73751 Ostfildern,
info@dumontreise.de, www.dumontreise.de

2., aktualisierte Auflage 2022
© DuMont Reiseverlag, Ostfildern
Alle Rechte vorbehalten
Autor: Manuel García Blázquez
Redaktion/Lektorat: Lucia Rojas
Bildredaktion: Nadja Gebhardt
Grafisches Konzept: Eggers+Diaper, Potsdam
Printed in Poland

FSC
www.fsc.org
MIX
Papier aus verantwortungsvollen Quellen
FSC® C018236

Kennen Sie die?

Salomón ibn Gabirol

»Geduld erntet Frieden, Eile verscheucht ihn.« So formulierte es der spanisch-jüdische Philosoph und Dichter im 11. Jh. Seine Geburtsstadt Málaga hat ihr Besucherzentrum nach ihm benannt.

Tomatito

Sein Großvater war bekannt als ›El Tomate‹, so wurde José Fernández Torres zum ›Tomätchen‹. Der Gitarrist aus Almería mischt virtuos Flamenco mit Jazz und tritt u. a. mit Michel Camilo auf.

María Zambrano

Erst mit Wiedereinführung der Demokratie kehrte die berühmte Philosophin aus dem Exil zurück, in das sie nach dem Sieg Francos geflohen war. Der Bahnhof in Málaga trägt ihren Namen.

Federico García Lorca

Weltweit verehrt wird dieser Universalkünstler aus Granada, den die Faschisten als linken Homosexuellen mit nur 38 Jahren erschossen. Seine Dramen werden bis heute immer wieder aufgeführt.

Mariana Pineda

Dieser andalusischen Ikone widmete Lorca eins seiner Stücke. Ihren Kampf für »Gesetz, Freiheit, Gleichheit« und gegen den Absolutismus bezahlte sie unter Ferdinand VII. mit dem Leben.

Enrique Morente

Als Sänger und Komponist trug er zur Erneuerung des Flamenco bei. Mit seinem Dokumentarfilm »Morente, der Barbier von Picasso« bewies der *granadino* seine Liebe zu Málaga.

Manuel Altolaguirre

Ein Dichter der »Generación del 27«, die Symbolismus mit Surrealismus paarte. In seiner Heimatstadt Málaga hob er die Literaturzeitschrift »Litoral« mit aus der Taufe.

Boquerón

Gebraten oder in Essig eingelegt – wie bevorzugen Sie die Sardelle, den beliebtesten Fisch der Costa del Sol? Übrigens auch der Spitzname für *malagueños* in ganz Spanien.

Carmen de Burgos

Als erste in einer Redaktion angestellte Journalistin in Spanien kämpfte sie für Frauenwahlrecht, Ehescheidung, Gleichberechtigung – und berichtete aus dem Krieg.